westermann

Spracharbeitsheft 2 A
Fördern

Erarbeitet von

Elena Bader, Astrid Eichmeyer,
Andrea Warnecke, Sabine Willmeroth

Illustriert von

Matthias Berghahn, Michael Ciecimirski,
Svenja Doering, Gaby Jungkeit,
Silke Reimers

Inhaltsverzeichnis

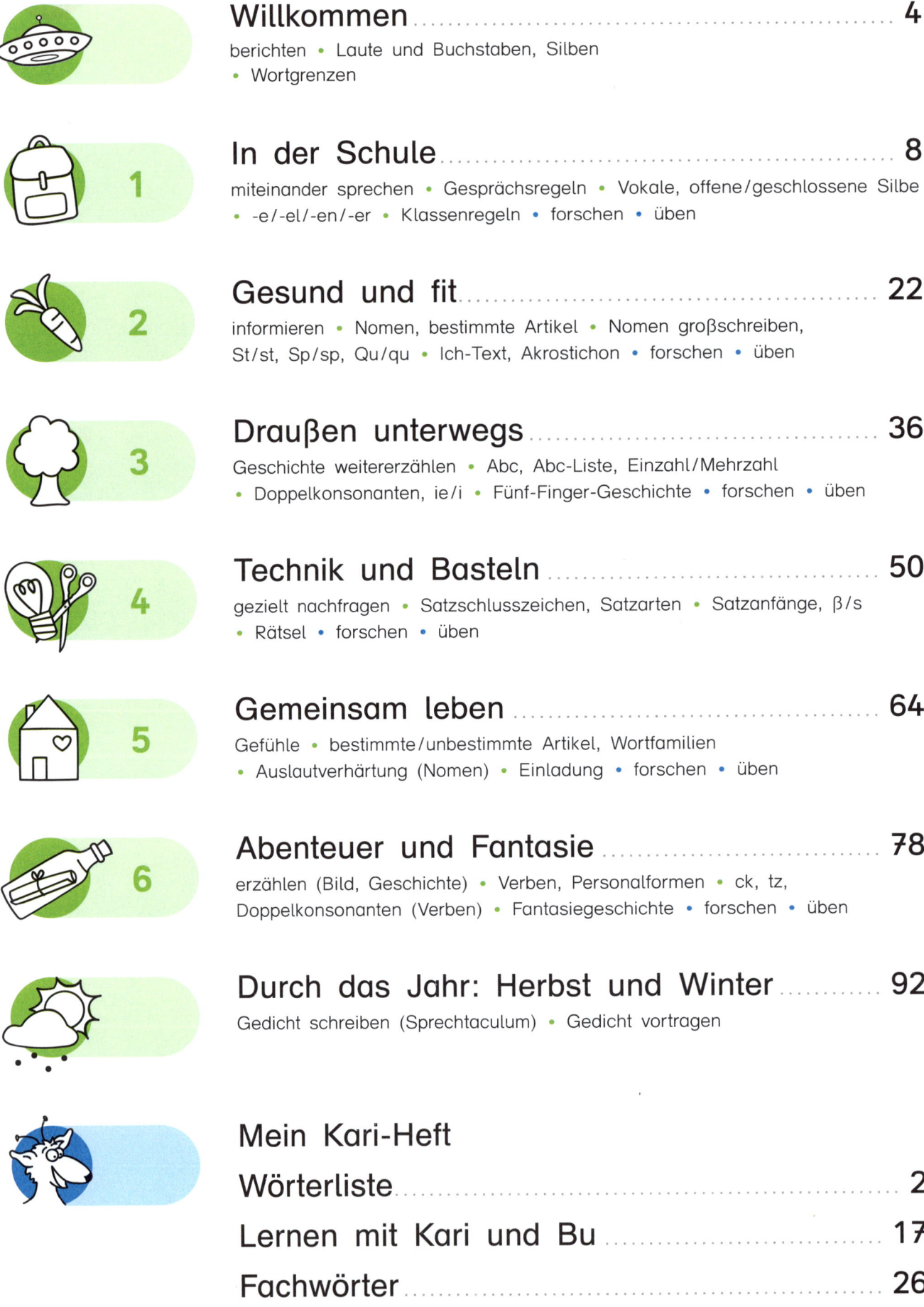

Was diese Zeichen bedeuten:

Arbeite mit einem anderen Kind.

Arbeitet in einer Gruppe.

Murmelrunde

Ich – Du – Wir

Erzähle: Was siehst du? Was denkst du?

Schwinge. Setze Silbenbögen. Markiere Piloten.

Schreibe. Markiere. Unterstreiche. Male.

Kreuze an.

Kreise ein.

Verbinde

Lies.

Ich bearbeite die Aufgabe in meinem Schreibheft.

Ich schlage in der Wörterliste nach.

Ich recherchiere in Büchern oder im Internet.

— S.2 Ich kann in meinem Kari-Heft nachschlagen.

Ich arbeite im Das kann ich-Heft weiter.

So kannst du die QR-Codes verwenden:

Anforderungsbereiche: ◯ 1 ◐ 2 ☐ binnendifferenziert

• Spracharbeitsheft (SAH)
• Sprachbuch (SB)
• Arbeitsheft Inklusiv (Wir-Heft B)

Kompetenzen der Seite;
digitale Kompetenzen

Kompetenzbereich

3

Von Erlebnissen berichten

① 👄 Erzähle.

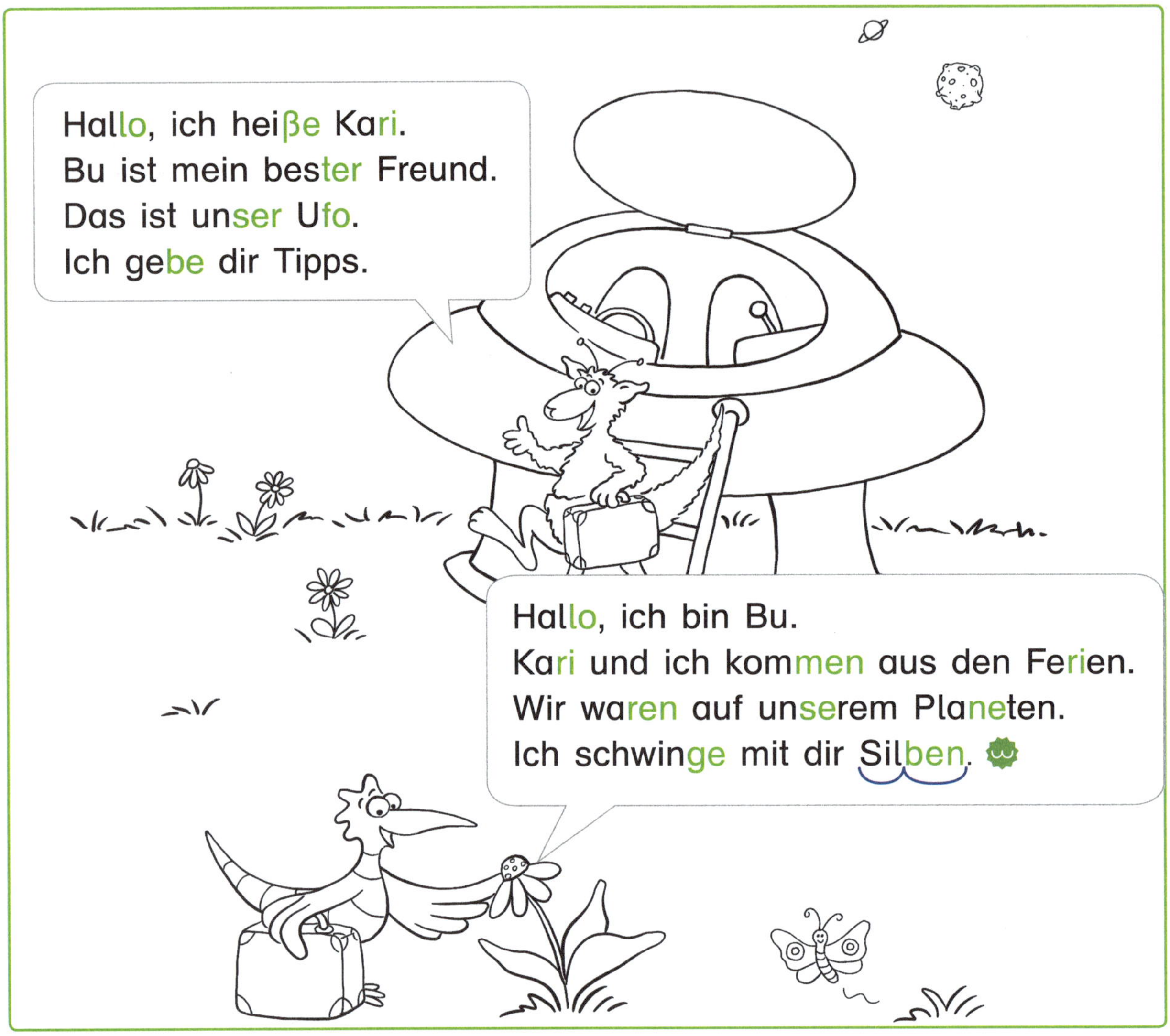

> Hallo, ich heiße Kari.
> Bu ist mein bester Freund.
> Das ist unser Ufo.
> Ich gebe dir Tipps.

> Hallo, ich bin Bu.
> Kari und ich kommen aus den Ferien.
> Wir waren auf unserem Planeten.
> Ich schwinge mit dir Silben. 😊

② ✏ Auf welchen Seiten findest du Kari und Bu? Schreibe.

Seite [   ]   Seite [   ]   Seite [   ]

③ ✏ Wie sehen Kari und Bu aus? Male in ① an.

④ ✏ Was hast du in den Ferien erlebt?

◯ 👄 Erzähle.   ◯ ✏ Male.   ◯ ✏ Schreibe.

zu anderen sprechen: erzählen;
verstehend zuhören: Hörtexte erfassen

• SAH, S. 4
• SB, S. 4
• Wir-Heft B1, S. 4, 5

Laute und Buchstaben kennen

1 👄 Erzähle.

_____ _____

Sprich genau
und höre genau!

2 ✏ Schreibe die Anlaute.

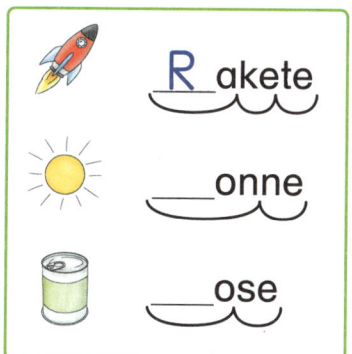

R akete

_onne

_ose

_öwe

_abel

_eder

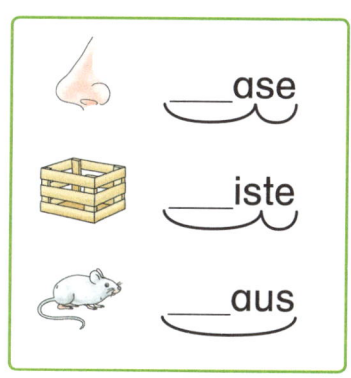

_ase

_iste

_aus

E sel

_to

_meise

_gel

_ma

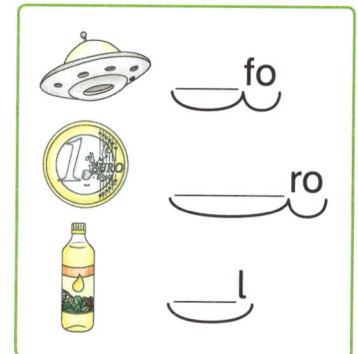

_fo

_ro

_l

• SAH, S. 5
• SB, S. 5
• Wir-Heft B1, S. 8, 9

sprachliche Strukturen kennen und anwenden: Laute, Anlaute,
Mehrgrapheme kennen und anwenden

Sprache untersuchen

5

Silben schwingen

1 👄 Erzähle.

> Ich **spreche** beim Schwingen genau mit.

> In jeder **Silbe** ist ein **Pilot**.

2 🐦 Schwingt die Wörter. Setzt Silbenbögen.
✏️ Schreibt die Piloten. 👥

o a e

3 ✏️ 🐦 Schreibe die Wörter. Prüfe mit Silbenbögen.

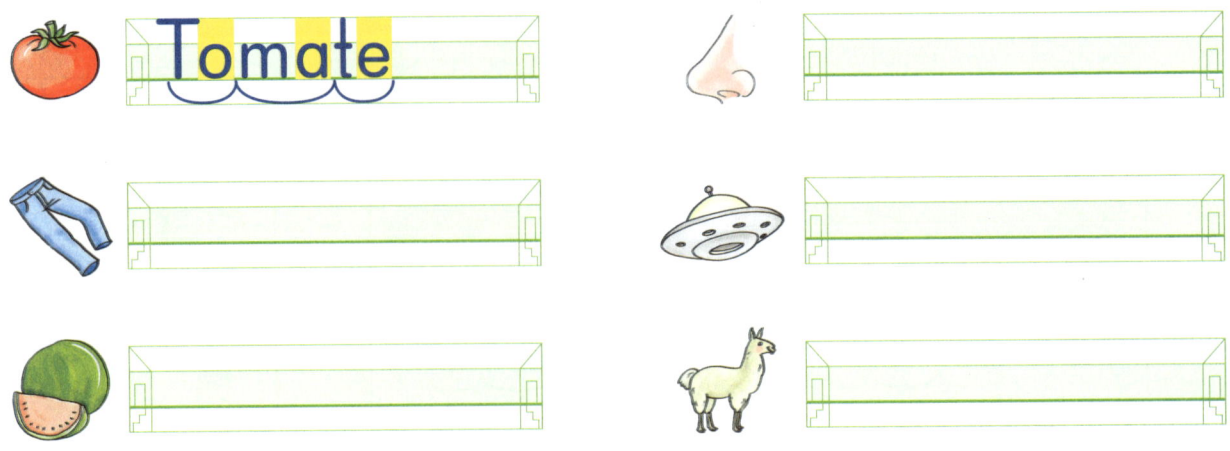

Tomate

Sprache untersuchen sprachliche Strukturen kennen und anwenden: Wörter in Silben gliedern; Vokale markieren; Rechtschreibstrategien anwenden: Mitsprechen

• SAH, S. 6
• SB, S. 6
• Wir-Heft B1, S. 6

Wortgrenzen beachten

① ✏️ 🐦 Schreibe die Wörter ab. Prüfe mit Silbenbögen.

S. 22

| Pflaster | Banane | Frosch | Melone |

Pflaster,

② ✏️ 🐦 Schreibe die Wörter ab. Prüfe mit Silbenbögen.

Fisch | MausEuleLamaRaupeDelfin

Fisch

③ ✏️ 🐦 Schreibe die Wörter ab. Prüfe mit Silbenbögen.

Schwester | SchereSchafeSchule

Schwester

• SAH, S. 7
• SB, S. 7
• Wir-Heft B1, S. 7

Arbeitstechniken kennen und anwenden: Abschreibtechnik nutzen; rechtschriftliche Kenntnisse anwenden: Wortgrenzen erkennen

Richtig schreiben

7

Miteinander sprechen

1 👄 Erzähle.

2 👄 Wie redet ihr miteinander? Spielt vor. 👥

Sprechen und Zuhören

zu anderen sprechen: erzählen;
verstehend zuhören: Hörtexte erfassen

• SAH, S. 8
• SB, S. 8
• Wir-Heft B1, S. 10, 11

Gesprächsregeln formulieren und anwenden

① 👄 Erzähle.

② 👄 Worauf achtest du beim Erzählen und Zuhören? △

S. 17 —

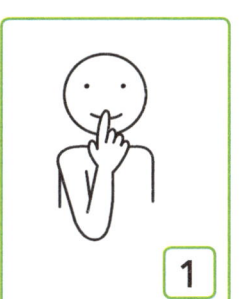 1

 2

 3

 4

③ ✏ Ordne den Bildern aus ② zu.

☐ Ich denke mit.	1 Ich bin leise.
☐ Ich höre zu.	☐ Ich schaue das Kind an.

④ ✂✏ Welche Regeln für ein Gespräch kennst du?

◯ 👄 Erzähle.   ◯ ✏ Schreibe.   ◯ ✏ Gestalte ein Plakat.

• SAH, S. 9
• SB, S. 9
• Wir-Heft B1, S. 12, 13

zu anderen sprechen: erzählen;
mit anderen sprechen: Gespräche führen;
Gesprächsregeln entwickeln und beachten

Sprechen und
Zuhören

9

Silben schwingen

① 👄 Erzähle.

> Die **Pi**lo**ten** hei**ß**en jetzt **Voka**le.
> In je**der Sil**be ist ein **Vok**al.

a   e   i   o   u

② 🕊️ ✏️ Lies mit Sil**ben**bö**gen**. Schrei**be** a, E, i, O/o, u.

a̷	E	O	O	u

B _a_ n a n _e_   __ s e l   L __ p e   __ p a   __ m a

a	a	a	i	o

 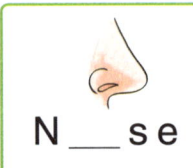   

R __ s e   N __ s e   T __ f e l   H __ s e   P __ n s e l

Die Piloten heißen jetzt Vokale (Selbstlaute): a, e, i, o, u.

Sprache untersuchen   sprachliche Strukturen kennen und anwenden: Wörter in Silben gliedern; Vokale markieren; Rechtschreibstrategien anwenden: Mitsprechen   • SAH, S. 10   • SB, S. 10

Silben schwingen 🟢

① 👄 Erzähle.

> **Die Vokale ä, ö, ü heißen auch Umlaute.**
> **Die Vokale au, ei, eu heißen auch Zwielaute.**

② 🐦 ✏️ Lies mit Silbenbögen. Schreibe ä, ö, ü.

ä ä ~~ö~~ ö ü ü

Fl __ö__ te	T __ __ te	K __ __ se	K __ __ fer	M __ __ we	H __ __ te

③ 🐦 ✏️ Lies mit Silbenbögen. Schreibe Ei/ei, Au/au, Eu/eu.

ei ei Ei   ~~au~~ au Au Au   eu Eu Eu

Tr __au__ b __e__ n	__ __ ro	__ __ le	B __ __ le	__ __ to

				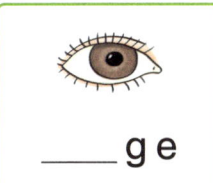
Am __ __ se	R __ __ pe	St __ __ ne	__ __ mer	__ __ ge

• SAH, S. 11
• SB, S. 10

sprachliche Strukturen kennen und anwenden: Wörter in Silben
gliedern; Vokale, Diphthonge, Umlaute markieren;
Rechtschreibstrategien anwenden: Mitsprechen

Sprache untersuchen

11

Offene und geschlossene Silben unterscheiden

— S. 17

(1) 👄 Die Kinder ordnen die Wörter. Was fällt euch auf? 💬

Achtet auf den Vokal in der ersten Silbe.

(2) 🖊 Verbinde.

In Ta fel ● ● steht **ein Vokal** am Ende der ersten Silbe.

In Tan te ● ● steht **kein Vokal** am Ende der ersten Silbe.

Vokal am Ende der Silbe: Die **Silbe** ist **offen**: Tafel.
Kein Vokal am Ende der Silbe:
Die **Silbe** ist **geschlossen**: Tante.

(3) 🖊 Markiere den Vokal in der ersten Silbe.

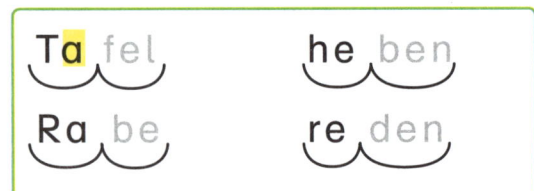

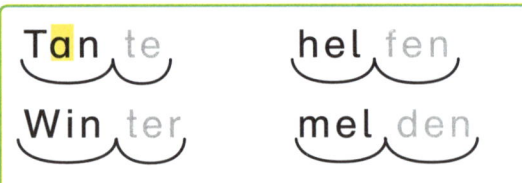

(4) ✏ Kreise in **(3)** die Wörter mit der offenen ersten Silbe ein.

Sprache untersuchen | sprachliche Strukturen kennen und anwenden: offene und geschlossene Silben kennen und anwenden; Rechtschreibstrategien anwenden: Mitsprechen | • SAH, S. 12
• SB, S. 11

Offene und geschlossene Silben unterscheiden

1 ✏ Markiere den Vokal in der ersten Silbe.

Flö te   Kak tus   Bre zel   So fa

Lei ter   Kin der   Man tel   Stif te

2 ✏ Schreibe die Wörter aus ① in die Tabelle.

erste Silbe **offen**	erste Silbe **geschlossen**
Flöte	Kaktus

3 ✏ Markiere den Vokal in der ersten Silbe.

Waffel	Dose	Hefte
Meise	Tulpe	Nudel
Lampe	Faden	Wolke

4 ✏ Kreise in ③ ein: 1. Silbe offen , 1. Silbe geschlossen .

• SAH, S. 13
• SB, S. 11

sprachliche Strukturen kennen und anwenden: offene und
geschlossene Silben kennen und anwenden;
Rechtschreibstrategien anwenden: Mitsprechen

Sprache untersuchen

13

Wörter mit e, el, en mitsprechen

① 👄 Erzähle.

In jeder Silbe ist ein Vokal.

Ich schwinge das Wort. Es hat zwei Silben.

② 🕊 Lies mit Silbenbögen.
✏ Schreibe den Vokal.

R o s _e_ n

A p f ___ l

P i l z ___

B e s ___ n

S t e i n ___

I n s ___ l

③ ✏ Schreibe die Wörter aus ② in die Tabelle.
🕊 Prüfe mit Silbenbögen.

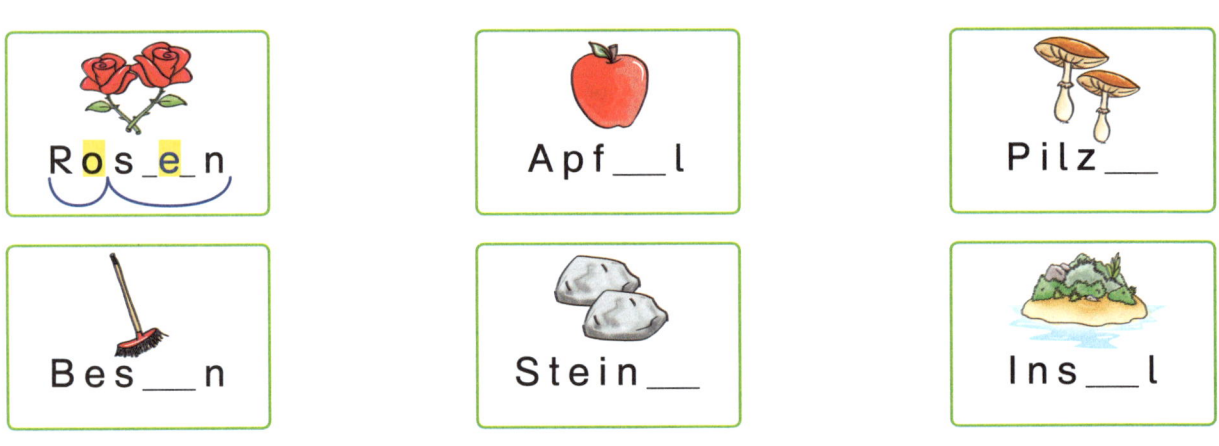

e	el	en
		Rosen

Richtig schreiben   rechtschriftliche Kenntnisse anwenden: Wörter mit
-e, -el, -en schreiben;
Rechtschreibstrategien anwenden: Mitsprechen

• SAH, S. 14
• SB, S. 12

Wörter mit er mitsprechen

1 Sprecht die Wörter.
Was fällt euch auf?

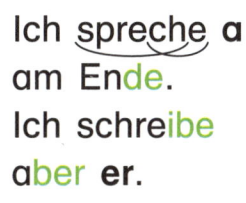
Ich spreche a
am Ende.
Ich schreibe
aber **er**.

2 Ordne die Wörter mit **er** am Ende zu.

| ☐ Eimer | ☐ Feder | ☐ Leiter |
| 4 Kinder | ☐ Anker | ☐ Maler |

3 Schreibe die Wörter aus **2** ab.
Prüfe mit Silbenbögen.

    Kinder

Klassenregeln abschreiben

1 ◎ ⬤ Lies Karis Regeln. Erzähle.

○ Wir arbeiten leise.

○ Wir lachen keinen aus.

○ Wir legen unsere Helme
in das Regal.

○ Wir reden höflich miteinander.

2 ✂ Welche Regeln aus ① gibt es auch in deiner Klasse?

— S. 22 3 ✏ Schreibe drei wichtige Regeln aus ① ab.

Wir

Texte verfassen

Texte planen: Klassenregeln entwickeln;
Texte schreiben: nach Mustern schreiben (Klassenregeln);
Arbeitstechniken kennen und anwenden: Abschreibtechnik nutzen

• SAH, S. 16
• SB, S. 14
• Wir-Heft B1, S. 14—18

Klassenregeln abschreiben

1  Erzähle.

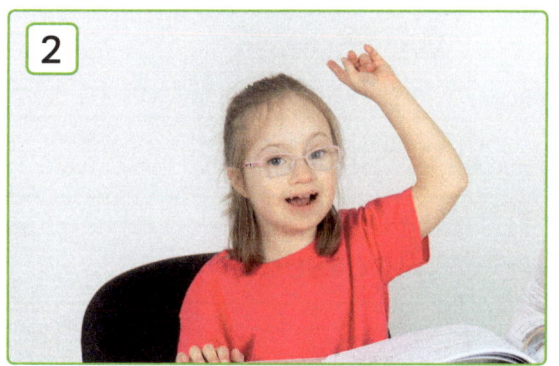

2 Ordne die Regeln den Bildern aus ① zu.

> **1** Wir hören zu.
>
> ☐ Wir melden uns.
>
> ☐ Wir sind leise.
>
> ☐ Wir helfen anderen.

3 Schreibe die Regeln aus ② ab.

4 Stellt eure Regeln dar.
Macht Fotos und präsentiert.

S. 19 —

• SAH, S. 17
• SB, S. 15
• Wir-Heft B1, S. 14–18

Texte schreiben: nach Mustern schreiben (Klassenregeln);
Arbeitstechniken kennen und anwenden: Abschreibtechnik nutzen

Texte verfassen

Klassenregeln schreiben

1 👁 ✏ Lies und verbinde.

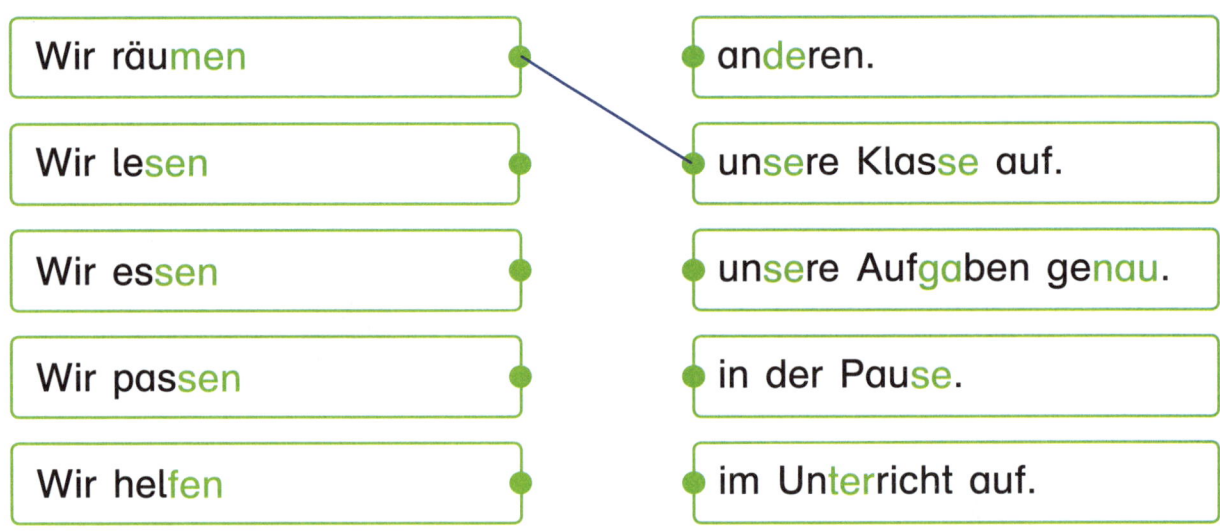

Wir räumen ●	● anderen.
Wir lesen ●	● unsere Klasse auf.
Wir essen ●	● unsere Aufgaben genau.
Wir passen ●	● in der Pause.
Wir helfen ●	● im Unterricht auf.

2 ✏ Schreibe die Regeln aus ① ab.

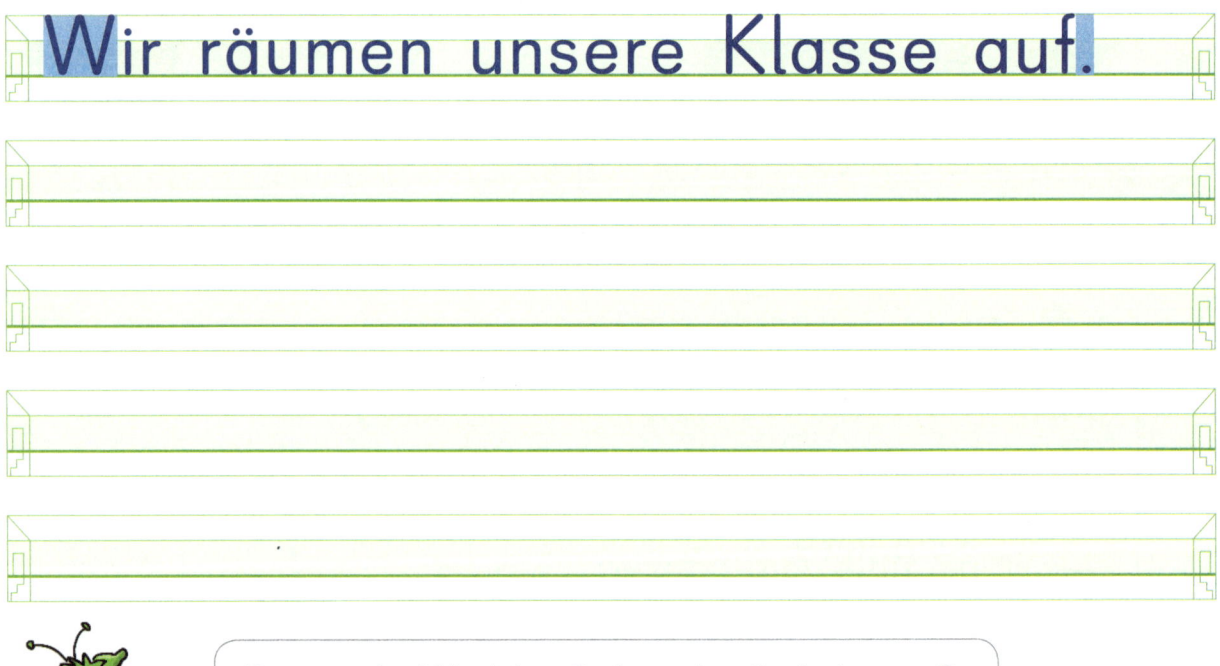

Wir räumen unsere Klasse auf.

Das erste Wort im Satz schreibst du groß.
Am Ende setzt du einen Punkt.

3 ✏ Markiere in ② den ersten Buchstaben in jedem Satz.
✏ Markiere die Punkte.

Texte planen: Klassenregeln entwickeln;
Texte schreiben: nach Mustern schreiben (Klassenregeln);
Arbeitstechniken kennen und anwenden: Abschreibtechnik nutzen

• SAH, S. 18
• SB, S. 15
• Wir-Heft B1, S. 14–18

Wörter mit e, el, en, er mitsprechen

① ✐ Schwinge die Wörter. Markiere e, el, en, er. S. 21

🔒 Grundwortschatz	
End**e**	🕸
Seife	🕸
Pfote	🕸
Schnab**el**	🕸
Windel	🕸

🔒 Grundwortschatz	
Daum**en**	🕸
Kuchen	🕸
Körp**er**	🕸
Bruder	🕸
Schwester	🕸

② Führt ein Rechtschreib-Gespräch. 🗣 S. 20

Ende	Pfote	Körper	Bruder

③ ✐ Schreibe die Wörter aus ① ab. 📓 S. 22

④ ✐ Setze die Wörter aus ② ein.

Unser Hund hat eine verletzte ___Pfote___ .

Mein _____ bringt ihn zum Tierarzt.

Der Hund zittert am ganzen _____ .

Am _____ freut er sich über einen Knochen.

⑤ ✐ Unterstreiche die Wörter.   u̶n̶t̶e̶r̶   oder   aber

Kari sucht Bu <u>unter</u> dem Sofa. Dort ist er aber nicht.
Vielleicht ist er hinter oder neben dem Ufo.

• SAH, S. 19
• SB, S. 16

Rechtschreibstrategie anwenden: Mitsprechen;
rechtschriftliche Kenntnisse anwenden: Funktionswörter erkennen;
Arbeitstechniken anwenden: Rechtschreibgespräch

Grundwortschatz

19

Üben mit Kari und Bu

Silben schwingen

1 ✍ Lies mit Silbenbögen. Schreibe **a, e, i, o, u**.

a	e	e	i̸	o	u	u	u

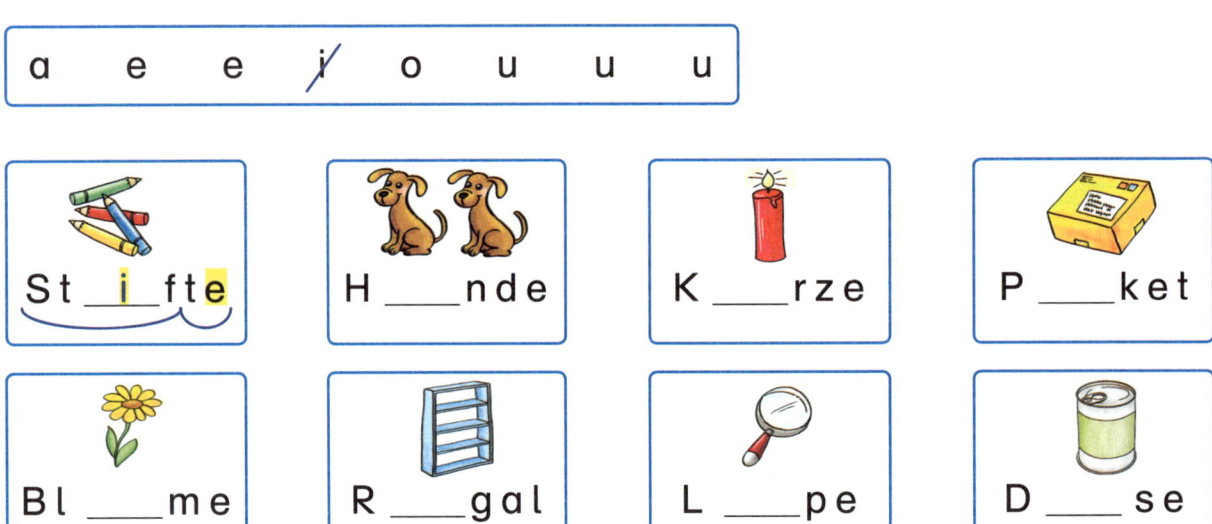

St__i__fte   H___nde   K___rze   P___ket

Bl___me   R___gal   L___pe   D___se

2 ✍ Lies mit Silbenbögen. Schreibe **Ä, ö, ü**.

Ä	ö	ö	ü	ü

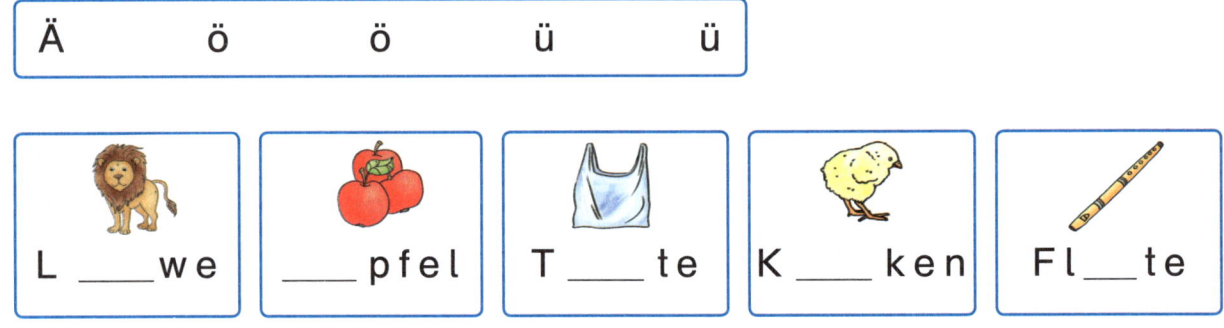

L___we   ___pfel   T___te   K___ken   Fl__te

3 ✍ Lies mit Silbenbögen. Schreibe **ei, au, eu**.

ei	ei	au	au	eu

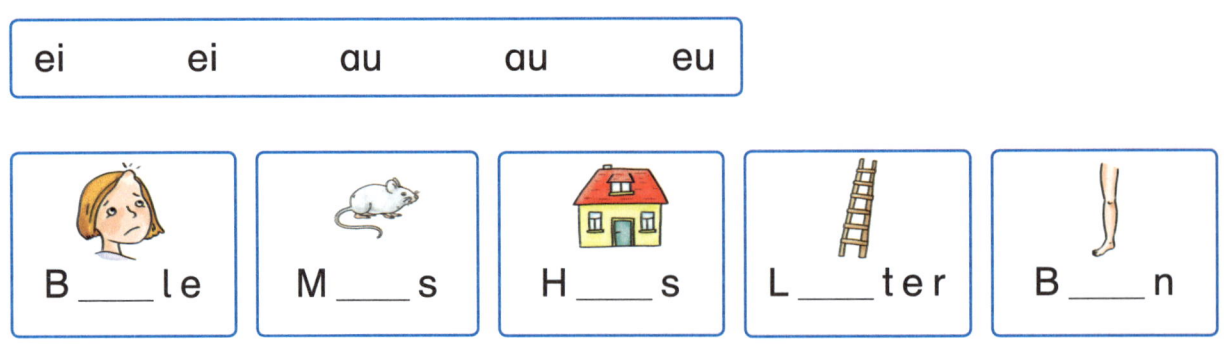

B___le   M___s   H___s   L___ter   B___n

20

Wiederholung
Sprache untersuchen

Inhalte des Kapitels wiederholen;
eigenen Lernstand reflektieren

• SAH, S. 20
• SB, S. 17
• Das kann ich, S. 2

Wörter mit e, el, en und er schreiben

① ✐ Lies mit Silbenbögen.

Pinsel	Raupe	Blumen	Rosen

② ✐ Schreibe die Wörter in die Tabelle.
Prüfe mit Silbenbögen.

Schaukel   Ente   Regen   Gabel   Schere
Löwe   Stufen   Besen   Insel

e	el	en
	Schaukel	

③ ✐ Schreibe die Wörter ab.
Prüfe mit Silbenbögen.

Hamster   Bruder   Kater   Körper   Kinder   Maler   Eimer

Hamster

• SAH, S. 21
• SB. S. 17
• Das kann ich, S. 3

Inhalte des Kapitels wiederholen;
eigenen Lernstand reflektieren

Wiederholung
Richtig schreiben

Über Interessen informieren

① 👄 Er**zäh**le.

② **Su**che dir ein Kind auf dem Bild aus. Spie**le** es nach.
Die an**de**ren ra**ten**. 👥

Sprechen und
Zuhören

zu anderen sprechen: informieren;
verstehend zuhören: Hörtexte erfassen

• SAH, S. 22
• SB, S. 18
• Wir-Heft B1, S. 20, 21

22

Informationen notieren

(1) 👄 Erzähle.

Ich heiße Leni.
Ich fahre gerne
Inliner.

Wir sind Arif
und Tara.
Am Nachmittag
spielen wir Fußball.

Ich bin Sara.
Ich springe
jeden Tag Seil.

Ich heiße Franz.
Ich fahre gerne
Fahrrad.

(2) 👄 Erzähle von deinen Hobbys.
🖊 Ein anderes Kind schreibt auf. 👥

Wer? Arif
Was? Fußball spielen
Wann? am Nachmittag
Mit wem? Tara

(3) Mischt eure Blätter.
👁 Ein Kind zieht ein Blatt. Es liest es ohne den Namen vor.
👄 Wer ist es? 👥

(4) 👄 Wie kannst du gut zuhören? Erzähle.

Ich schaue das Kind an.

Ich denke mit.

…

• SAH, S. 23
• SB, S. 19
• Wir-Heft B1, S. 22, 23

zu anderen sprechen: informieren;
verstehend zuhören: Informationen wiedergeben;
Schlussfolgerungen ziehen

Sprechen und
Zuhören  23

Nomen kennen und ordnen

① ✎ Male die Wörter an.

| Seil | Kind | Schaf | Rose | Ziege | Ball | Oma | Kaktus |

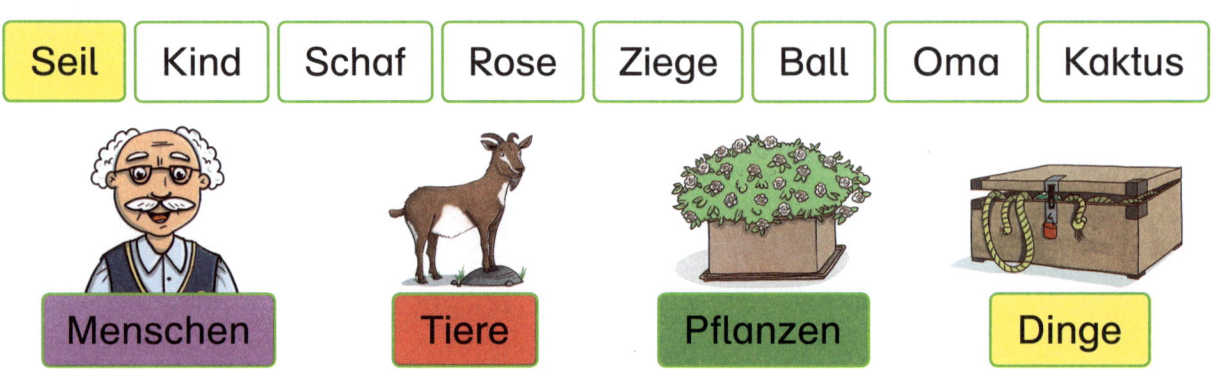

| Menschen | Tiere | Pflanzen | Dinge |

Wörter für **Menschen**, **Tiere**, **Pflanzen** und **Dinge**
heißen **Nomen** (Substantive).
Nomen schreibst du groß: Kind, Schaf, Rose, Seil.

② ✎ Unterstreiche die Nomen: Menschen, Tiere, Pflanzen, Dinge.

| Tante | Baum | Tisch | Elefant | Tasche | Freund |
| Blume | Maus | Katze | Busch | Glas | Onkel |

③ ✎ Ordne die Nomen aus ②.
✎ Markiere den ersten Buchstaben.

Menschen: Tante

Tiere:

Pflanzen:

Dinge:

Sprache untersuchen — sprachliche Begriffe kennen und anwenden: Nomen (Substantiv) kennen; Nomen (Konkreta) in Kategorien ordnen; Rechtschreibstrategien anwenden: Nomen großschreiben
• SAH, S. 24
• SB, S. 20

Nomen kennen und ordnen

1 ✎ Unterstreiche nur die Nomen.

<u>KOCH</u>	LECKER	GRAS	HUND	RUFT	HUT
PALME	PFERD	LIEST	BRUDER	DOSE	HÖRT

2 ✎ Ordne die Nomen aus ①.
✎ Markiere den ersten Buchstaben.

Menschen: Koch

Tiere:

Pflanzen:

Dinge:

3 ✎ Schreibe die Nomen.
✎ Markiere den ersten Buchstaben.

Auch Namen sind Nomen.

Busch

• SAH, S. 25
• SB, S. 20

sprachliche Begriffe kennen und anwenden: Nomen (Substantiv) kennen; Nomen (Konkreta) in Kategorien ordnen; Rechtschreibstrategien anwenden: Nomen großschreiben

Sprache untersuchen

25

Bestimmte Artikel kennen

1 👄 Erzähle.

2 ✏ Unterstreiche die Nomen in ①.
✏ Kreise die Wörter vor den Nomen ein.

Nomen können einen bestimmten **Artikel** (Begleiter) haben:
der Ball, die Flasche, das Seil.

3 ✏ Schreibe die Nomen mit Artikel.

Brille	Kind	Hut	Blume	Junge
Tasche	Seil		Spiel	Tisch

der: der Hut

die: die Brille

das: das Kind

Nomen großschreiben ↑

1 ✎ Schreibe die Nomen mit Artikel. Markiere den ersten Buchstaben.

Kürbis	Brot	Tomate	Banane	Apfel	Salat

der Kürbis

2 👁 Lies die Wörter. Was fällt dir auf?

> **Schiebewort**:
> Zwischen **Artikel** und **Nomen** kannst du ein Wort schieben.

der   kleine   **Kürbis**   die   kleine   **Tomate**   das   kleine   **Brot**

3 ✎ Schreibe die Nomen aus ① mit dem Schiebewort **kleine**.

der kleine Kürbis, das kleine

• SAH, S. 27
• SB, S. 22

rechtschriftliche Kenntnisse anwenden: Nomen (Konkreta) erkennen und großschreiben; Rechtschreibstrategien anwenden: Nomen großschreiben

Richtig schreiben

27

Nomen großschreiben ⬆

1 ✏ Unterstreiche nur die Nomen.

<u>KÄSE</u>	DIE	SAFT	APFEL

BIRNE	NUDEL	PFLAUME	DAS

BROT	EIS	IMMER	MÜSLI

2 ✏ Schreibe die Nomen aus **1** mit dem Schiebewort **kleine**.

der kleine Käse,

die

das

Richtig schreiben — rechtschriftliche Kenntnisse anwenden: Nomen (Konkreta) erkennen und großschreiben; Rechtschreibstrategien anwenden: Nomen großschreiben • SAH, S. 28 • SB, S. 22

Wörter mit St/st und Sp/sp mitsprechen

(1) 🖊 🐦 Schreibe die Wörter. Prüfe mit Silbenbögen.
🖊 Markiere (St) und **Sp**.

Steine	Sterne	~~Stifte~~

> Ich spreche **scht**.
> Ich schreibe **St/st**.

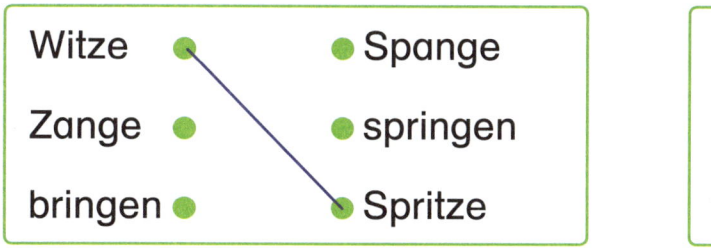

(Ⓢtifte)

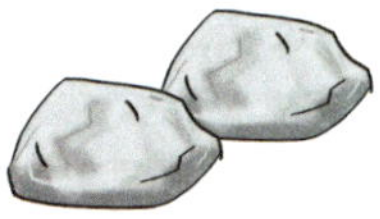

~~Spagat~~	Spritze	Specht

> Ich spreche **schp**.
> Ich schreibe **Sp/sp**.

Spagat

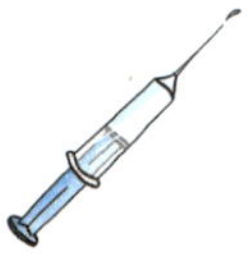

(2) 🖊 Verbinde die Reimwörter.

Witze •	• Spange
Zange •	• springen
bringen •	• Spritze

Ball •	• streuen
gehen •	• Stall
freuen •	• stehen

(3) 🖊 🐦 Schreibe die Wörter mit **St/st** und **Sp/sp** aus (2) auf.

Sp/sp: **Spritze**,

St/st: **streuen**,

• SAH, S. 29
• SB, S. 23

rechtschriftliche Kenntnisse anwenden: Wörter mit Mehrgraphe-
men schreiben; Rechtschreibstrategien anwenden: Mitsprechen

Richtig schreiben

29

Wörter mit Qu/qu mitsprechen

① ✐ Markiere **Qu/qu**.

Der Frosch quakt an der Quelle:
„Quark mit Soße ist Quatsch!"
Die Kinder quietschen:
„Quallen im Wasser sind eine Qual!"

Ich spreche kw.
Ich schreibe Qu/qu.

② ✐ Schreibe die Wörter mit **Qu/qu** aus ① ab.

quakt,

③ ✐ Schreibe die Nomen mit Artikel.

Quark   Qualm   ~~Quelle~~   Quadrat   Aquarium   Qualle

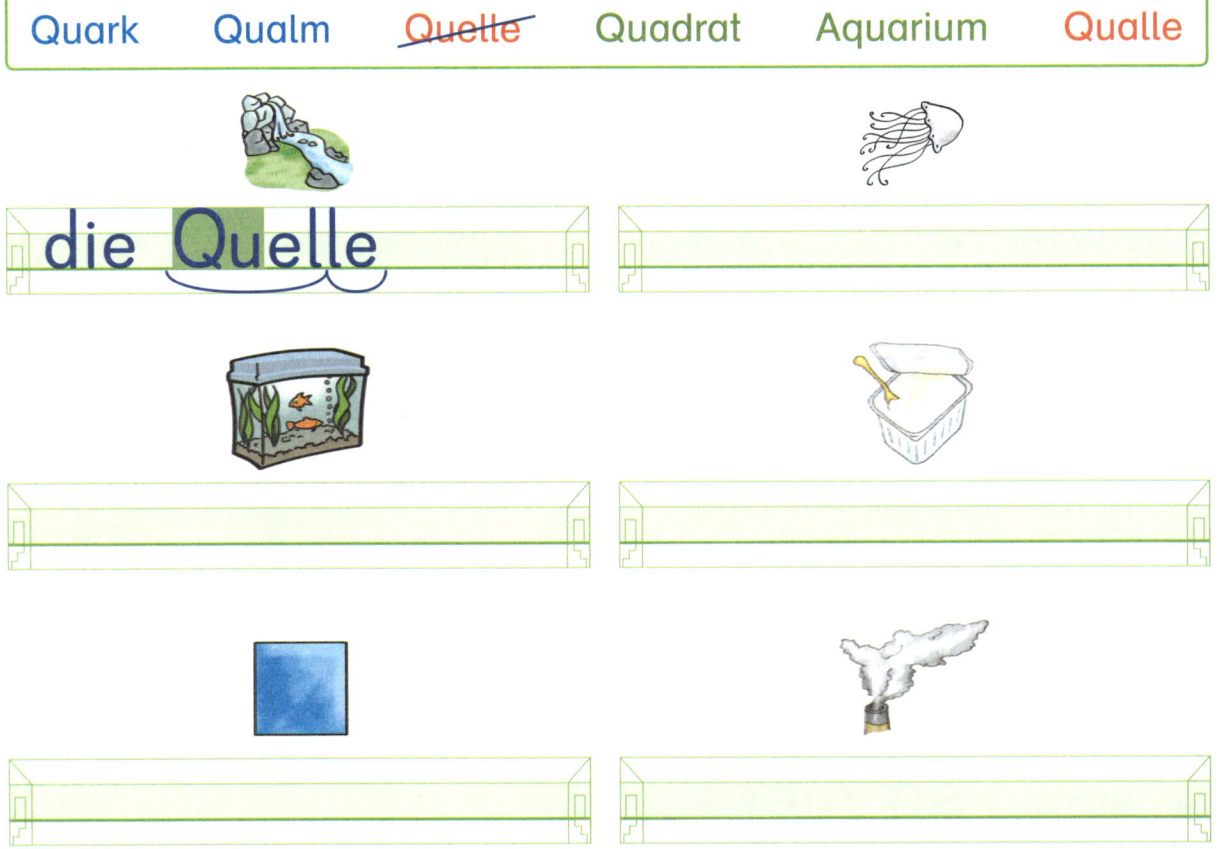

die Quelle

Richtig schreiben   rechtschriftliche Kenntnisse anwenden: Wörter mit Mehrgraphe-   • SAH, S. 30
men schreiben; Rechtschreibstrategien anwenden: Mitsprechen   • SB, S. 23

Einen Ich-Text schreiben

1 👁 Lies Karis Ich-Text.

2 👄 Erzähle.

> **Mein Ich-Text**
>
> Mein Name: Kari
>
> Meine Klasse: 2b
>
> Ich sitze neben: Kara
>
> Ich arbeite gerne mit: Bu
>
> Mein ❤-Fach: Planetenkunde
>
> Mein ❤-Sport: Inliner fahren
>
> Mein ❤-Essen: Ananas
>
> Meine ❤-Farbe: Rot
>
> Mein ❤-Tier: Kamel

3 ✏ Schreibe deinen Ich-Text. 📓

4 Was könnt ihr noch dazu schreiben? 💬

5 👄 Stelle deinen Ich-Text vor.

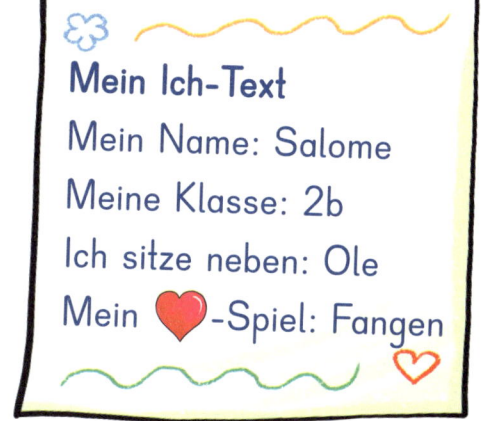

Mein Ich-Text
Mein Name: Salome
Meine Klasse: 2b
Ich sitze neben: Ole
Mein ❤-Spiel: Fangen

S. 19

• SAH, S. 31
• SB, S. 24
• Wir-Heft B1, S. 24, 25

Texte planen/schreiben: Ich-Text nach Mustern schreiben;
Texte überarbeiten: Ich-Text für die Veröffentlichung aufbereiten
und präsentieren

Texte verfassen

31

Ein Akrostichon planen und schreiben

① 👁 👄 Lies. Erzähle.

F
R
A
N
Z

Springseil
Apfel
Rollschuh
Aprikose

② ✏ Wie heißen die Kinder aus ①? Schreibe.

F _ _ _ _   S _ _ _

③ ✏ Schreibe ein Gedicht zu Kari.

K _____

A _____

R _____

I _____

Ich ♥ mag:

Forschen mit Kari und Bu

Wörter mit St/st, Sp/sp, Qu/qu mitsprechen

①  ✎ Schwinge die Wörter. Markiere **St/st, Sp/sp, Qu/qu**.

S. 21 –

🔒 Grundwortschatz		
der _Stein_	〰️	⬆️
stören	〰️	
staunen	〰️	
der Stift	〰️	⬆️
spülen	〰️	

🔒 Grundwortschatz		
der Sport	〰️	⬆️
springen	〰️	
die Spinne	〰️	⬆️
der Quark	〰️	⬆️
quaken	〰️	

② Führt ein Rechtschreib-Gespräch. 👥

S. 20 –

staunen		Stift		springen		Spinne

③ ✎ Schreibe die Wörter aus ① ab. 📖

S. 22 –

④ ✎ Setze die Wörter aus ② ein.

Bu schreibt mit dem _Stift_ an die Tafel.

Die Kinder _____ vor Freude in die Luft.

Nun malt Kari eine _____ in ihrem Netz.

Die Kinder _____ , wie toll Kari malen kann.

⑤ ✎ Unterstreiche die Wörter.

wie	~~an~~	im

Kari schreibt einen Brief <u>an</u> Bu. Er malt eine Spinne im Netz.
Kari kann malen wie ein Künstler.

• SAH, S. 33
• SB, S. 26
• Das kann ich, S. 5

Rechtschreibstrategie anwenden: Mitsprechen, Großschreibung;
rechtschriftliche Kenntnisse anwenden: Funktionswörter erkennen;
Arbeitstechniken anwenden: Rechtschreibgespräch

Grundwortschatz

STOPP
33

Bestimmte Artikel kennen

1 ✏ Schreibe die Nomen mit Artikel.

| Ball | Milch | Wasser | Matte |

| Roller | Tor | Salat | Glas |

| Jacke | Saft | Karotte | Kind |

der: der Ball

die:

das:

☺ ☺ ☹ ☹

34

Wiederholung
Sprache untersuchen

Inhalte des Kapitels wiederholen;
eigenen Lernstand reflektieren

• SAH, S. 34
• SB, S. 27
• Das kann ich, S. 4

Nomen großschreiben

1. Unterstreiche nur die Nomen.

TOPF	NIE	APFEL	QUARK
MELONE	NUDEL	ERBSE	LERNT
OBST	GEMÜSE	FIT	MÜSLI

2. Schreibe die Nomen aus 1 mit dem Schiebewort **kleine**.

der kleine Topf,

die

das

S. 19

• SAH, S. 35.

Inhalte des Kapitels wiederholen;
eigenen Lernstand reflektieren

Von Erlebnissen erzählen

①  Erzähle.

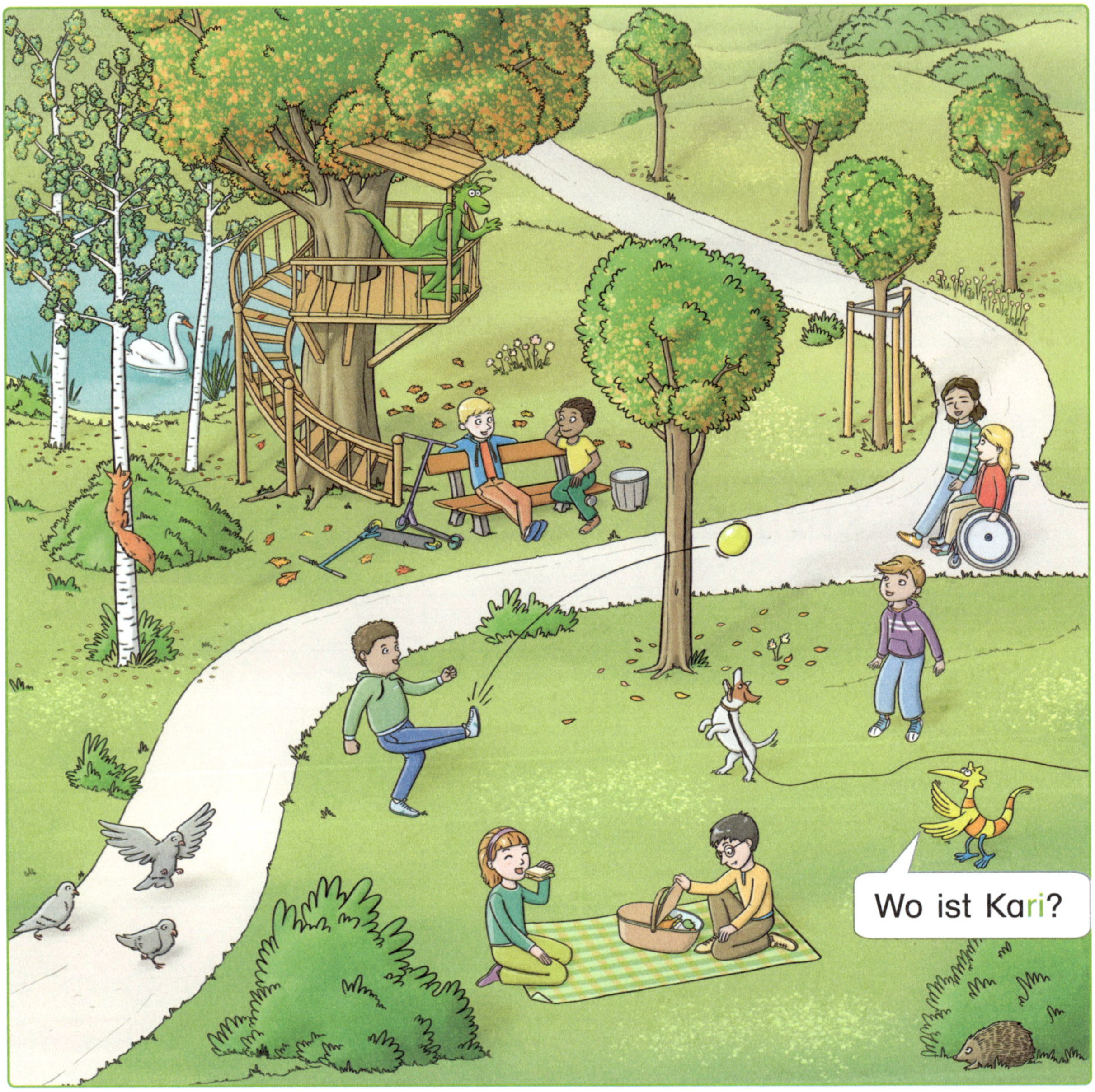

Wo ist Kari?

② 👄 Was kannst du in in einem Park erleben? Erzähle.

③ 👄 Wo ist Kari? Erzähle.

④ ✏️ Erfinde dein eigenes Baumhaus.

◯ ✏️ Male.   ◯ 🖐️ Baue.   ◯ ✂️ Bastele.   ◯ ✏️ Schreibe.

zu anderen sprechen: von eigenen Erlebnissen erzählen;
vor anderen sprechen: Ideen präsentieren;
verstehend zuhören: Hörtexte erfassen

• SAH, S. 36
• SB, S. 28
• Wir-Heft B1, S. 30, 31

Eine Geschichte weitererzählen

(1) 👁 Schaue das Bild an. Lies.

Salome und Ole entdecken ein Baumhaus.
Sie klettern hinauf.
Dort finden sie eine alte Kiste.
Die Kinder öffnen den Deckel.

(2) 👄 Erzähle die Geschichte aus ①. 👥

(3) ✎ Was ist in der Kiste? Überlege.

ein Zauberhut

Bücher

magische Steine

(4) Was tun Salome und Ole jetzt? Überlege.

(5) 👄 Erzähle dein Ende. 👥

(6) 👄 Gebt euch Rückmeldung. 👥

| Ich habe die Geschichte gut verstanden. | Dein Ende passt zum Anfang. | Ich habe einen Tipp: … |

• SAH, S. 37
• SB, S. 29
• Wir-Heft B1, S. 32–34

zu anderen sprechen: eine Geschichte weitererzählen;
mit anderen sprechen: Rückmeldung geben;
über Lernen sprechen: Beobachtungen wiedergeben

Sprechen und
Zuhören **37**

Das Abc als Ordnungsprinzip kennen

(1) ✎ Welche Buchstaben des Abc fehlen? Schreibe.

__	B	C	D	__	F	__	__	__	J	K	L	__
1	2	3	4	5	6	7	8	9	10	11	12	13

__	O	P	Q	__	__	T	U	V	__	X	Y	__
14	15	16	17	18	19	20	21	22	23	24	25	26

Lösungswort: __ __ __ __ __ __ C __ __ __ __
                    18   5   7   5   14   19   3   8   9   18   13

(2) ✎ Welche Buchstaben fehlen? Schreibe.

A __ C

D __ F

__ H I

J __ L

__ N O

__ Q R

S __ U

__ __ W

X __ Z

Die Buchstaben **Aa Ee Ii Oo Uu** sind **Vokale** (Selbstlaute).
Die anderen Buchstaben im Abc sind **Konsonanten** (Mitlaute).

(3) ✎ Markiere die Vokale in (1) und (2).

A a
B b
C c
D d
E e
F f
G g
H h
I i
J j
K k
L l
M m
N n
O o
P p
Q q
R r
S s
T t
U u
V v
W w
X x
Y y
Z z

Sprache untersuchen   sprachliche Begriffe kennen und anwenden: Vokale und Konsonanten im Abc unterscheiden   • SAH, S. 38   • SB, S. 30

Das Abc als Ordnungsprinzip kennen und anwenden

1 ✏ Schreibt die Wörter auf Karten.

✏ Kreist den ersten Buchstaben ein.

Ordnet sie nach dem Abc.

| Baum | Ⓐmsel | Dose | Cent |

2 ✏ Schreibe die Wörter aus ①.

1. Amsel

2.

3.

4.

3 ✏ Kreise den ersten Buchstaben ein.

✏ Ordne die Wörter nach dem Abc.

| Ⓓose Feder Gras Ente | Ⓚern Nebel Maus Luft |

1. Dose   1.

2.   2.

3.   3.

4.   4.

Eine Abc-Liste schreiben

Die **Wörterliste** 📖 hilft dir.

S. 23

(1) ✏ Schreibe Nomen in die Abc-Liste. 📖

Abc-Liste

 🐜	A	**Ameise**	 👃 N	
 🍌	B		👵 O	
 🪙	C	**Cent**	 🌴 P	
 🥫	D		🪼 Q	**Qualle**
 🦆	E		🚀 R	
 🪶	F		☀ S	**Sonne**
 🍴	G		🪑 T	
 👒	H		🛸 U	
 🏝	I		🐦 V	
 🪀	J	**Jo-Jo**	 🐋 W	
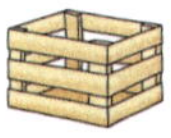 📦	K		🎵 X	**Xylofon**
 🦁	L		⛄ Y	**Yeti**
 🐁	M		🪵 Z	

Sprache untersuchen   Abc-Liste nach Mustern schreiben

• SAH, S. 40
• SB, S. 34

Nomen: Einzahl und Mehrzahl bilden

① ✏️ Welche Nomen gehören zusammen? Kreise ein.

🪨 der Stein ⬭	🌼 die Blume	🛸 das Ufo
🌼🌼 die Blumen	🛸🛸 die Ufos	🪨 die Steine ⬭

Die meisten Nomen (Substantive) gibt es
in der **Einzahl** (Singular) und in der **Mehrzahl** (Plural):
der Stein – die Steine.

② ✏️ Kreise Einzahl und Mehrzahl ein.

die Wolke	die Gabel	das Ei	das Auto
die Eier	die Wolken	die Autos	die Gabeln

③ ✏️ Schreibe die Nomen aus ② in die Tabelle.

Einzahl	Mehrzahl
die Wolke	die Wolken

Wörter mit Doppelkonsonanten mitsprechen

1 Erkläre.

Sommer

Warum schreibe ich **mm**?

Die erste Silbe ist geschlossen.

Das **m** gehört in beide Silben: **Sommer**.

2 Lies mit Silbenbögen.

Markiere den Vokal in der ersten Silbe.

| Ratten raten | Ofen offen | Hütte Hüte |

3 Schreibe die Wörter aus **2** in die Tabelle.

erste Silbe **offen**	erste Silbe **geschlossen**
raten	Ratten

Steht am Ende der Silbe ein Konsonant, ist die Silbe geschlossen.
Hörst du nur einen Konsonanten, verdoppele ihn: Ratte, offen.
Der Vokal klingt kurz.

Richtig schreiben   rechtschriftliche Kenntnisse anwenden: Wörter mit Doppelkon-   • SAH, S. 42
sonanz schreiben, offene/geschlossene Silbe erkennen;   • SB, S. 32
Rechtschreibstrategien anwenden: Mitsprechen

Wörter mit ie und i mitsprechen

①  Lies mit Silbenbögen.

✏️ 👄 Markiere die Vokale in der ersten Silbe. Was fällt dir auf? △

Tiere – Tinte	fliegen – finden
Biene – Bilder	Lieder – Linde

② ✏️ Schreibe die Wörter aus ① in die Tabelle.

erste Silbe **offen**	erste Silbe **geschlossen**
Tiere	Tinte

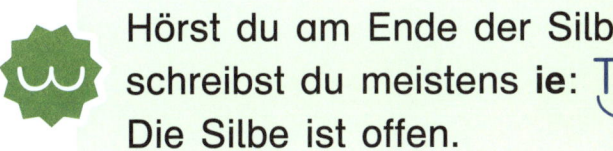

Hörst du am Ende der Silbe **i**, schreibst du meistens **ie**: Tiere. Die Silbe ist offen.

③ ✏️ **ie** oder **i**? Schreibe.

Fl_ie_ge	St__fel	Sch__nken	K__nder

• SAH, S. 43
• SB, S. 33

rechtschriftliche Kenntnisse anwenden: Wörter mit ie in der offenen Silbe schreiben; Rechtschreibstrategien anwenden: Mitsprechen

Richtig schreiben

43

Wörter mit ie und i mitsprechen

① ✎ Verbinde die Reimwörter.

| Diebe | lieben | siegen | Fliege |

| sieben | Siebe | Ziege | biegen |

② ✎ Lies mit Silbenbögen. **ie** oder **i**? Schreibe.

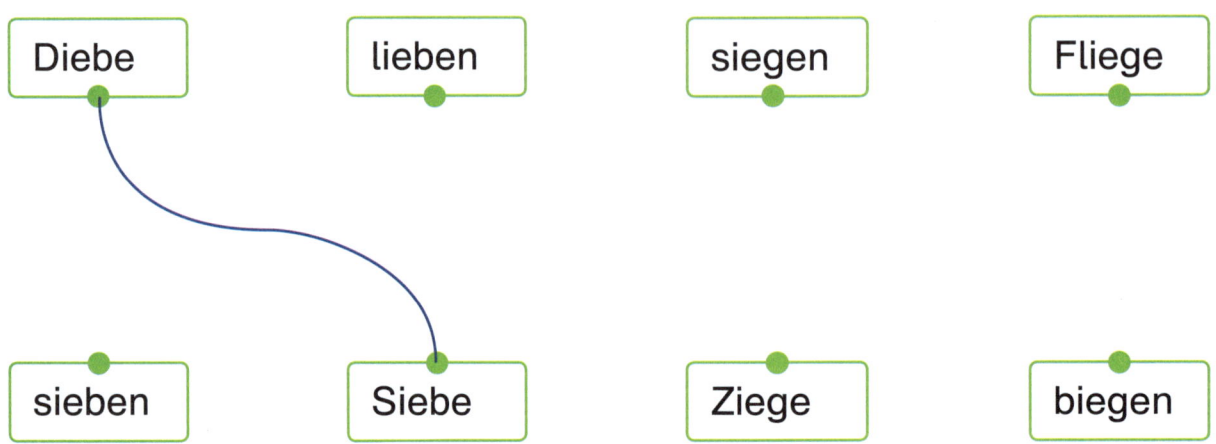

D ie be   F ___ ber

W ___ ndel   St ___ fte

r ___ chen   kr ___ chen

w ___ nken   s ___ ngen

Sp ___ gel   R ___ se

K ___ ste   L ___ ste

③ ✎ Schreibe die Wörter mit **ie**. Prüfe mit Silbenbögen.

Biene

Richtig schreiben   rechtschriftliche Kenntnisse anwenden: Wörter mit ie in der offenen Silbe schreiben; Rechtschreibstrategien anwenden: Mitsprechen   • SAH, S. 44
• SB, S. 33

Eine Fünf-Finger-Geschichte schreiben

① 👁 Lies.

Sara und Ali spielen draußen.

Sie bauen ein Versteck.

Plötzlich hören sie ein Geräusch.

Die Kinder haben Angst.

Es ist _____

② 👄 Wie endet die Fünf-Finger-Geschichte? Erzähle.

③ ✏ Schreibe den letzten Satz in ①.

④ 👁 👄 Lest euch eure Geschichten vor. 👄 Gebt euch Rückmeldung.

Das ist eine Leserunde.

S. 18 —

Dein Ende passt zum Anfang.

Ich finde dein Ende …, weil

Ich habe einen Tipp: …

• SAH, S. 45
• SB, S.
• Wir-Heft B1, S. 35–37

Texte planen / schreiben: Geschichte fortsetzen;
Texte überarbeiten: Inhalt überprüfen; Rückmeldung geben;
Arbeitstechniken anwenden: Leserunde (kooperativ)

Texte verfassen

45

Eine Fünf-Finger-Geschichte schreiben

(1) 👄 Erzähle.

(2) 🖊 Ordne die Sätze der Fünf-Finger-Geschichte.

☐ Der Besitzer ruft seinen Hund zurück.

1 Remo und Cleo spielen im Park.

☐ Remo hat Angst.

☐ Plötzlich rennt ein Hund zu ihnen.

☐ Zum Glück kommt der Besitzer.

(3) 🖊 Schreibe die Geschichte aus (2) geordnet auf.

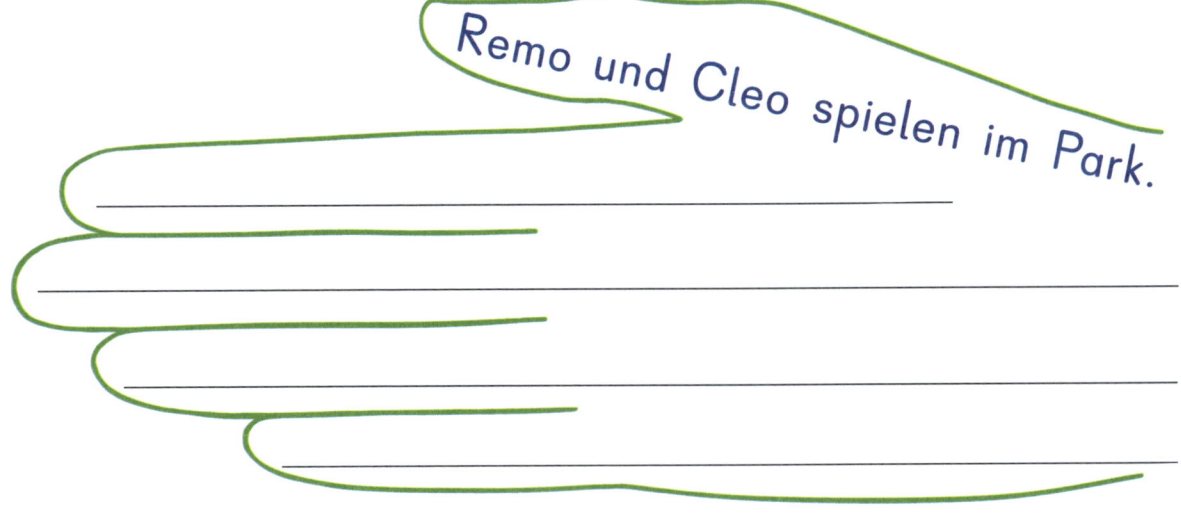

Remo und Cleo spielen im Park.

_____

_____

_____

_____

Texte planen/schreiben: Geschichte schreiben;
Texte überarbeiten: Inhalt überprüfen;
Arbeitstechniken anwenden: Leserunde (kooperativ)

• SAH, S. 46
• SB, S. 35
• Wir-Heft B1, S. 35–37

Forschen mit Kari und Bu

Wörter mit Doppelkonsonanten und ie/i mitsprechen

①  ✎ Schwinge die Wörter. Markiere **mm**, **ll**, **nn**, **ss** und **ie**.

S. 21

🔒 Grundwortschatz		
das Zimmer	🟢	🔼
kommen	🟢	
sollen	🟢	
rennen	🟢	
die Klasse	🟢	🔼

🔒 Grundwortschatz		
die Biene	🟢	🔼
die Fliege	🟢	🔼
das Fieber	🟢	🔼
liegen	🟢	
der Riese	🟢	🔼

② Führt ein Rechtschreib-Gespräch. 👥

S. 20

Zimmer		kommen		Biene		liegen

③ ✎ Schreibe die Wörter aus ① ab. 📖

S. 22

④ ✎ Setze die Wörter aus ② ein.

Wir ___liegen___ in unseren Betten.

Mein Bruder weint in seinem _____ .

Eine _____ hat ihn gestochen.

Unsere Eltern _____ und trösten ihn.

⑤ ✎ Unterstreiche die Wörter.

alle ~~immer~~ nie

Kari spielt in der Pause <u>immer</u> Fußball. Doch Bu kann leider nie mitspielen. Er sammelt lieber alle Murmeln ein.

• SAH, S. 47
• SB. S. 36
• Das kann ich, S. 7

Rechtschreibstrategie anwenden: Mitsprechen, Großschreibung;
rechtschriftliche Kenntnisse anwenden: Funktionswörter erkennen;
Arbeitstechniken anwenden: Rechtschreibgespräch

Grundwortschatz

STOPP
47

Nomen: Einzahl und Mehrzahl bilden

1 ✏ Kreise Einzahl und Mehrzahl ein.

(das Schaf)   das Zebra   der Fisch   der Stern   der Schirm

die Zebras   die Schirme   (die Schafe)   die Fische   die Sterne

2 ✏ Schreibe die Nomen aus ① in die Tabelle.

Einzahl	Mehrzahl
das Schaf	die Schafe

Wiederholung
Sprache untersuchen

Inhalte des Kapitels wiederholen;
eigenen Lernstand reflektieren

• SAH, S. 48
• SB, S. 37
• Das kann ich, S. 6

Wörter mit Doppelkonsonanten schreiben

1 Lies mit Silbenbögen.

✏ Markiere den Vokal in der ersten Silbe.

Pfanne	Schraube	Bügel	Daumen
Hammer	Löffel	Messer	Reifen

2 ✏ Schreibe die Nomen aus ① in die Tabelle.

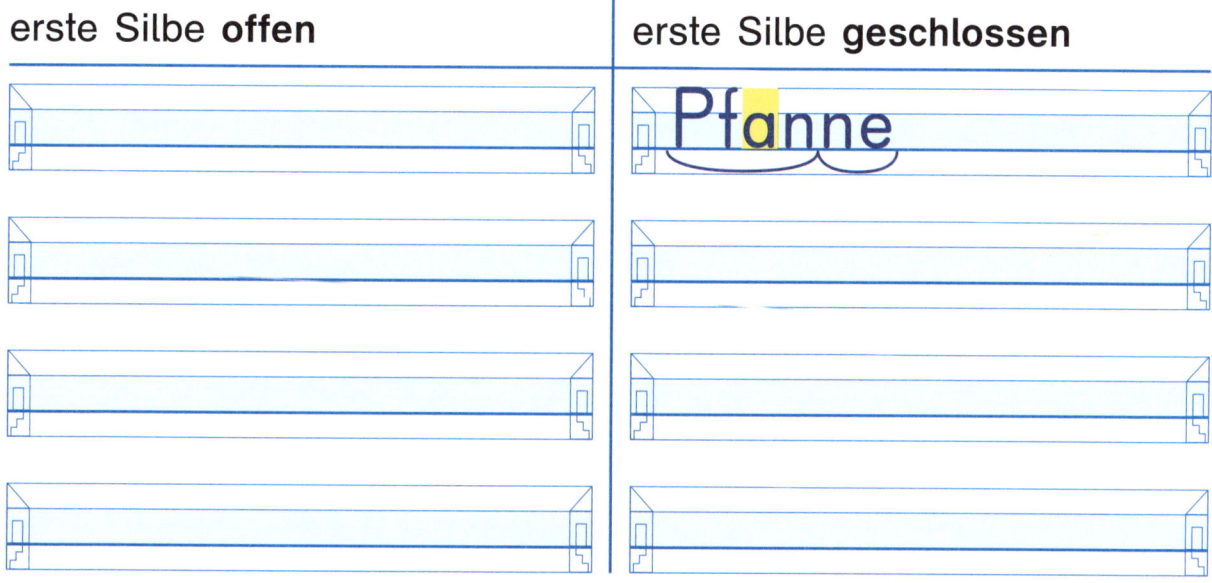

erste Silbe **offen**	erste Silbe **geschlossen**
	Pfanne

3 ✏ Schreibe die Nomen. Prüfe mit Silbenbögen.

Roller

• SAH, S. 49
• SB, S. 37

Inhalte des Kapitels wiederholen;
eigenen Lernstand reflektieren

Wiederholung
Richtig schreiben

49

Gezielt nachfragen

① 👄 Erzähle.

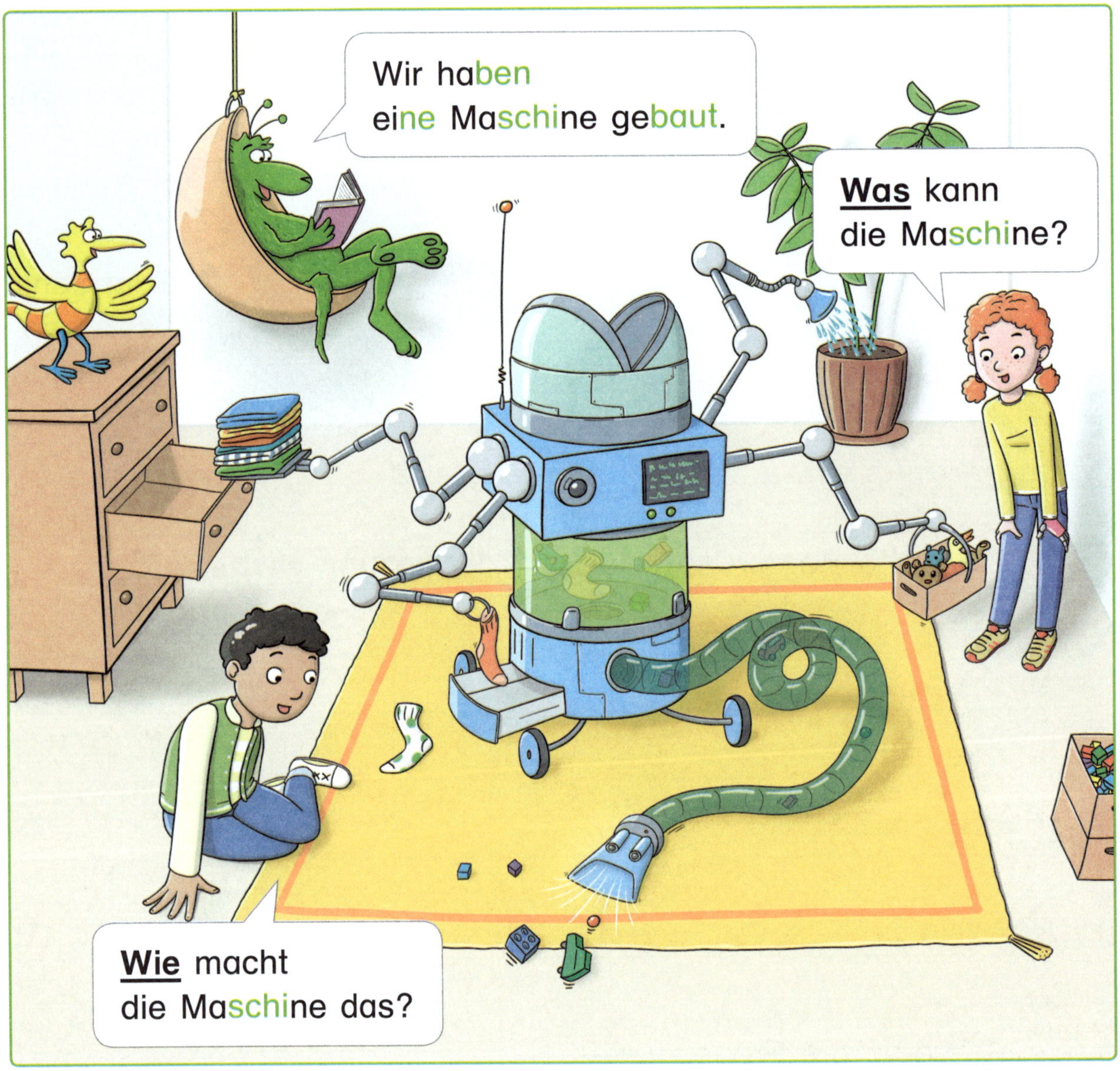

> Wir ha**ben** eine Ma**schi**ne ge**baut**.

> **Was** kann die Ma**schi**ne?

> **Wie** macht die Ma**schi**ne das?

② 👄 Stellt wei**te**re Fra**gen**. 👥

> **Wie** heißt die Ma**schi**ne?

> **Wo** steht die Ma**schi**ne?

> **Was** braucht die Ma**schi**ne?

③ ✎ Er**fin**de ei**ne** ei**ge**ne Wun**der**-Ma**schi**ne.

◯ ✎ Ma**le**. ◯ ✎ Schrei**be**. ◯ ✂ Bas**te**le.

mit anderen sprechen: Gespräche führen; gezielt nachfragen; verstehend zuhören: Hörtexte/Gespräche erfassen

• SAH, S. 50
• SB, S. 38
• Wir-Heft B1, S. 40, 41

Fragen zu einem Thema stellen

(1) Die Kinder wollen Fragen zu Wunder-Maschinen stellen.
👄 Erzähle.

> Zuerst nennen wir das Thema.

> Wir stellen Fragen.

> Zum Schluss bedanken wir uns für das Gespräch.

(2) 👄 Welche Regeln sind für eine Befragung wichtig? △

(3) 👄 Wie beginnt ihr eure Befragung? Überlegt euch Sätze. 👥

(4) ✏ Schreibe die Fragen ab.
✏ Unterstreiche die **Fragewörter**. 📖

> **Wie** heißt deine Maschine?

> **Was** kann deine Maschine?

> **Wie lange** arbeitet deine Maschine?

> **Wie oft** benutzt du deine Maschine?

(5) 👄 Fragt ein anderes Kind. Nehmt die Befragung auf. 👥

• SAH, S. 51
• SB, S. 39
• Wir-Heft B1, S. 42, 43

mit anderen sprechen: Befragung durchführen ▢ ;
Fragewörter (W-Fragen) nutzen; Beobachtungen wiedergeben

Sprechen und
Zuhören

51

Satzschlusszeichen setzen (Punkt)

① 👄 Erzähle.

② ✏ Wo ist ein Satz zu Ende? Male einen Strich.

> Wir basteln Roboter | Ich suche Schachteln
> Da ist der Kleber Du holst Alufolie
> Wir brauchen Draht Ich lege Zeitungen auf den Tisch

Am Ende eines **Aussagesatzes** steht ein **Punkt.** .
Wir basteln Roboter.

③ ✏ Schreibe die Sätze aus ② richtig auf.

Satzschlusszeichen setzen (Fragezeichen, Punkt)

(1) 👄 Erzähle.

Wo sind die Perlen **?**

Hast du eine Schere **?**

Wie viele Schachteln brauchen wir **?**

(2) ✏ Markiere die Fragezeichen in (1).

Am Ende eines **Fragesatzes** steht ein **Fragezeichen**. **?**
Wo sind die Perlen **?**

(3) ✏ Setze Fragezeichen **?** und Punkte **.** .

Was suchst du __?__   Ich suche Pappe __.__

Welche Farbe möchtest du ___   Ich nehme rote Pappe ___

Was bastelst du ___   Das wird ein Roboter ___

Wie viele Bögen brauchst du ___   Ich brauche zwei ___

(4) ✏ Schreibe die Fragen richtig auf.

hast Zeit du	Hast du Zeit?
kommst du wann	Wann
wir basteln wollen	Wollen

• SAH, S. 53
• SB, S. 40, 41

sprachliche Strukturen kennen und anwenden: Satzschlusszeichen nutzen (Punkt, Fragezeichen)   **Sprache untersuchen**

Satzschlusszeichen setzen

1 👄 Erzähle.

O nein !

So ein Mist !

Wie blöd !

2 ✏ Markiere die Ausrufezeichen in ①.

Am Ende eines **Ausrufesatzes** steht ein **Ausrufezeichen**. !
O nein !

3 ✏ Markiere die Satzschlusszeichen. . ? !

Alle sollen eine Maschine basteln .

O ja, klasse! Ich habe eine Idee !

Wie soll ich das machen ?

4 ✏ Setze die Satzschlusszeichen. . ? !

Ich bastele eine Maschine _._

Woran hast du gedacht ___

Meine Maschine soll mich kraulen ___

O super ___

Sprache untersuchen   sprachliche Strukturen kennen und anwenden: Satzschlusszeichen   • SAH, S. 54
nutzen (Punkt, Fragezeichen, Ausrufezeichen)   • SB, S. 40, 41

Satzarten kennen

①  Erzähle.

> O nein!

> Da ist etwas abgefallen.

> Was soll ich jetzt machen?

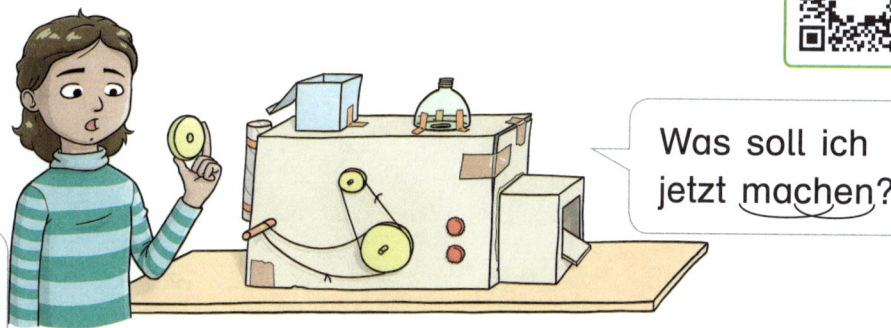

② 👁 Lies die Sätze aus ① vor.
 Betone so, dass man die Satzschlusszeichen **.** **?** **!** hört.

③ ✏ Verbinde die Satzteile.

Am Ende eines **Aussagesatzes**	steht ein **Fragezeichen ?**.
Am Ende eines **Fragesatzes**	steht ein **Ausrufezeichen !**.
Am Ende eines **Ausrufesatzes**	steht ein **Punkt .** .

④ ✏ Setze die Satzschlusszeichen. **.** **?** **!**

> Was soll ich jetzt machen **?**   Wir kleben es an ___
>
> Wo ist mein Kleber ___   Du kannst meinen nehmen ___
>
> Ach, da ist er ja ___   Super ___

⑤ 👁  Lest das Gespräch aus ④ vor. 👥

• SAH, S. 55
• SB, S. 40, 41

sprachliche Begriffe kennen und anwenden: Satzarten kennen (Aussagesatz, Fragesatz, Ausrufesatz); Satzschlusszeichen kennen

Sprache untersuchen

55

Satzanfänge großschreiben

1 👁 Lest vor.

✏ Wo ist ein Satz zu Ende? Malt einen Strich. 👥

> ich erfinde Spiele | wir basteln dafür Karten das ist toll wollen wir spielen kommst du mit ich hole die Würfel

2 ✏ Schreibe die Sätze aus ① richtig auf.

✏ Setze ein Satzschlusszeichen. **!** **?** **.**

Satzanfänge schreibst du groß.

Ich erfinde Spiele. Wir

3 ✏ Markiere die Satzanfänge und Satzschlusszeichen.

> heute basteln Toni und Merve eine Karte für Lola. sie falten ein Blatt Papier in der Mitte. dann schneiden sie Herzen aus. die Herzen kleben sie auf die Karte.

4 ✏ Schreibe die Sätze aus ③ richtig ab.

Wörter mit ß und s mitsprechen

① Lies mit Silbenbögen.
Markiere ß und s.

> Straße   Blase   Spieße   Riese   Grüße   Düse

② Was fällt euch auf? Erklärt.

> Das ß zischt: Straße.

> Das s summt: Blase.

③ Lies mit Silbenbögen. ß oder s ? Schreibe.

grü__ß__en	Wie___e	gie___en	Na___e
flei___ig	sau___en	Lo___e	hei___en

④ Schreibe die Wörter aus ③ in die Tabelle.

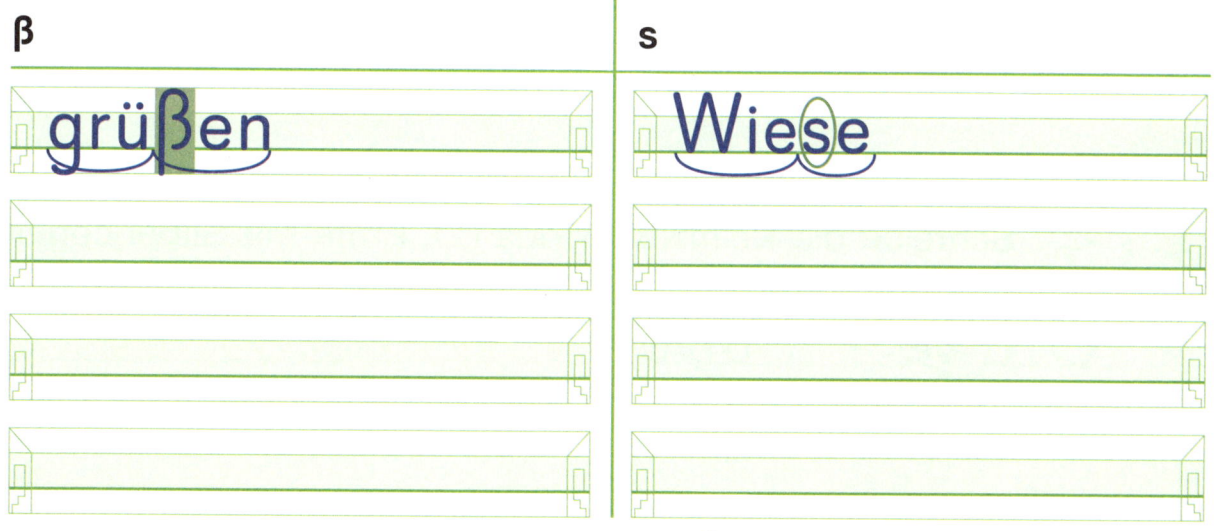

ß	s
grüßen	Wiese

• SAH, S. 57
• SB, S. 43

rechtschriftliche Kenntnisse anwenden: Wörter mit ß/s am Silben-
anfang schreiben;
Rechtschreibstrategien anwenden: Mitsprechen

Richtig schreiben

57

Wörter mit ß und s mitsprechen

① ✎ 🕊 Schreibe die Wörter. Prüfe mit Silbenbögen.

Dose	Spieße	Rose	Straße
Hase	Hose	~~Klöße~~	Füße

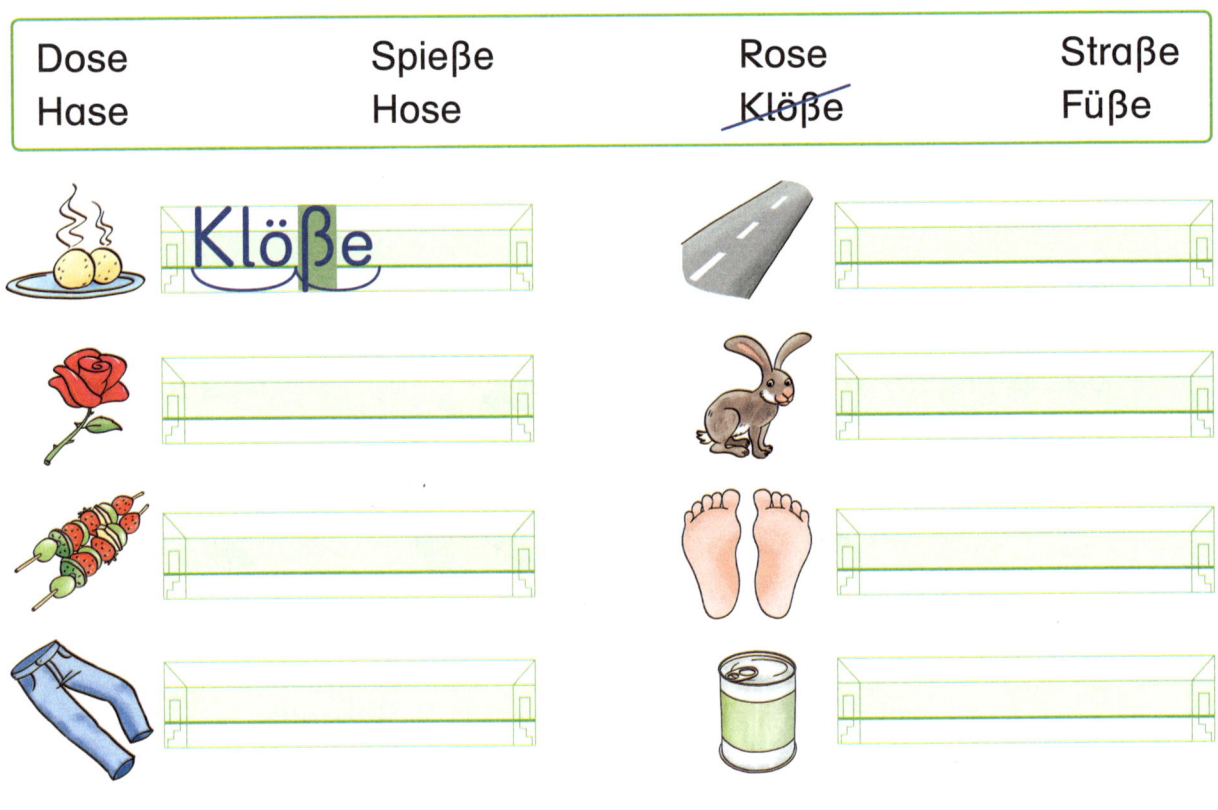

Klöße

② ✎ Verbinde die Reimwörter.

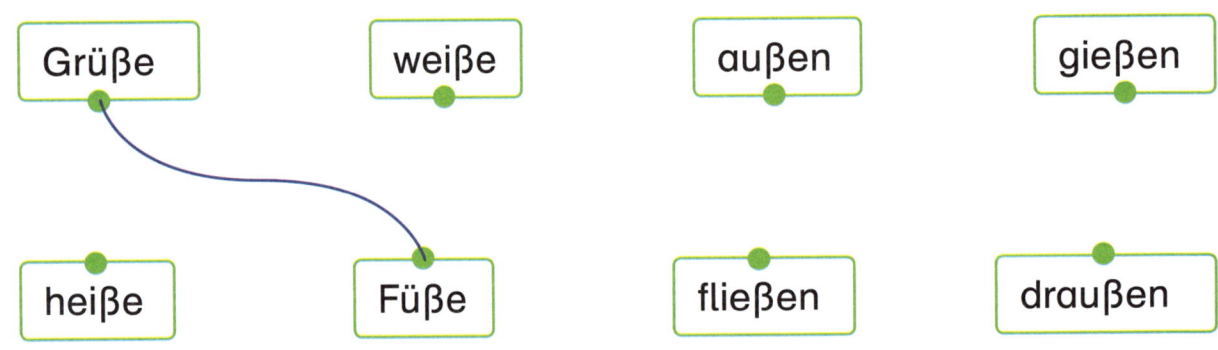

Grüße   weiße   außen   gießen

heiße   Füße   fließen   draußen

③ ✎ 🕊 Schreibe die Reimwörter aus ②. Prüfe mit Silbenbögen.

Grüße – Füße,

Richtig schreiben

rechtschriftliche Kenntnisse anwenden: Wörter mit ß/s am Silben-
anfang schreiben;
Rechtschreibstrategien anwenden: Mitsprechen

• SAH, S. 58
• SB, S. 43

58

Ein Rätsel planen und schreiben

1 👁 🖍 Lies. Löse das Rätsel.

Das Gerät ist oft weiß.

Es braucht Strom.

Es steht oft in der Küche.

Es hat eine Tür.

Es kann kühlen.

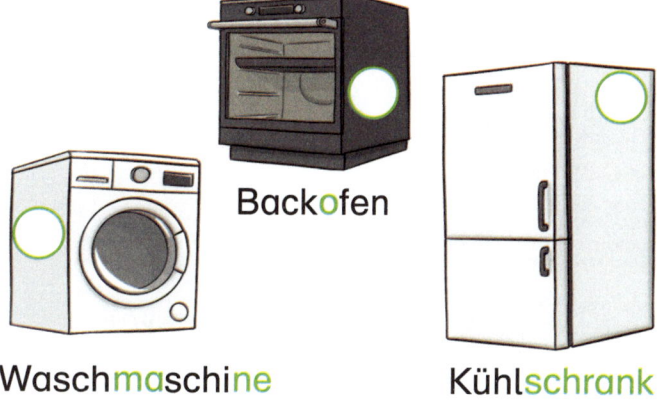

Waschmaschine   Backofen   Kühlschrank

2 🖊 Schreibe ein Rätsel zur Waschmaschine.
Beantworte die Fragen.

| Strom und Wasser | waschen | Keller | ~~weiß~~ | Tür |

Welche Farbe hat das Gerät?

Das Gerät ist weiß.

Was braucht das Gerät?

Es braucht

Wo steht das Gerät?

Was hat das Gerät?

Was kann das Gerät?

• SAH, S. 59
• SB, S. 44
• Wir-Heft B1, S. 44, 45

Texte planen: Wörtersammlung nutzen;
Texte schreiben: nach Mustern Rätsel schreiben

Texte verfassen

59

Ein Rätsel überarbeiten

(1)  Lest. Was fällt euch auf? Erklärt.

1	Man benutzt es draußen.
	Es kann den Rasen kürzen.
	Es hat Räder.
	Das Gerät ist oft grün.
	Es braucht Strom oder Benzin.

Verrate
am Anfang
nicht zu viel.

Rasenmäher

(2) Welcher Satz aus **(1)** verrät am meisten? Schreibe ihn ab.

– S. 18 **(3)** Überarbeitet das Rätsel aus **(1)** in einer Leserunde.
Nummeriert.

Checkliste Rätsel
– sinnvolle Reihenfolge
– Satzanfänge groß
– Satzschlusszeichen

(4) Schreibe das Rätsel aus **(1)** richtig auf eine Karte.
Gestalte sie.

(5) Spielt ein Rätsel-Spiel.

Texte überarbeiten: Kriterien eines Rätsels überprüfen (Reihenfolge); rechtschriftliche Kriterien überprüfen; Leserunde durchführen (kooperativ)

• SAH, S. 60
• SB, S. 45
• Wir-Heft B1, S. 46, 47

Wörter mit ß und s mitsprechen

1 👁 🕊 Schwinge die Wörter. Markiere **ß** und **s**.   S. 21 –

Grundwortschatz	
flie**ß**en	🟢
die Fü**ß**e	🟢 🔼
hei**ß**en	🟢
die Grü**ß**e	🟢 🔼
gie**ß**en	🟢

Grundwortschatz	
die Stra**ß**e	🟢 🔼
sau**s**en	🟢
der Ha**s**e	🟢 🔼
die Rei**s**e	🟢 🔼
die Wie**s**e	🟢 🔼

2 Führt ein Rechtschreib-Gespräch. 👥   S. 20 –

Füße		sausen		Hase		Reise

3 ✏ Schreibe die Wörter aus ① ab. 📖   S. 22 –

4 ✏ Setze die Wörter aus ② ein.

> Auf unserer Reise _____ reimen wir.
>
> Lola reimt zu **brausen** das Wort _____ .
>
> Ich reime zur **Nase** das Wort _____ .
>
> Lola reimt: **Grüße** und _____ .

5 ✏ Unterstreiche die Wörter.   also unser ~~dieser~~

> In dieser Woche sollen wir ein Rätsel schreiben. Wir schreiben unser Rätsel ohne die Lösung auf. Alle müssen also raten.

• SAH, S. 61
• SB, S. 46

Rechtschreibstrategie anwenden: Mitsprechen; Großschreibung; rechtschriftliche Kenntnisse anwenden: Funktionswörter erkennen; Arbeitstechniken anwenden: Rechtschreibgespräch

Grundwortschatz

61

Satzschlusszeichen setzen

1 ✎ Markiere die Satzanfänge und Satzschlusszeichen.

> Heute zeige ich meine Wundermaschine .
>
> O nein, da ist etwas abgebrochen !
>
> Wo ist mein Kleber ?

2 ✎ Setze die Satzschlusszeichen. **!** **?** .

> Was machst du ?   Ich bastele ein Herz ___
>
> Für wen ist es ___   Ich schenke es Lola ___
>
> Das ist eine tolle Idee ___   Möchtest du auch eins ___

3 ✎ Wo ist ein Satz zu Ende? Male einen Strich.

> Heute schenke ich Lola das Herz |
> Sie hat Geburtstag   Ob sie sich freut

4 ✎ Schreibe den Text aus ③ richtig auf.
✎ Setze ein Satzschlusszeichen. **!** **?** .

Heute schenke ich Lola das Herz.

Wiederholung
Sprache untersuchen

Inhalte des Kapitels wiederholen;
eigenen Lernstand reflektieren

• SAH, S. 62
• SB, S. 47
• Das kann ich, S. 8

Wörter mit ß und s mitsprechen

① 🕊️ ✏️ Lies mit Silbenbögen. **ß** oder **s** ? Schreibe.

bö _s_ e   bei ___ en   flie ___ en   le ___ en

lei ___ e   hei ___ en   ra ___ en   grü ___ en

② ✏️ Schreibe die Wörter aus ① in die Tabelle.

ß	s
beißen	

③ ✏️ 🕊️ Schreibe die Wörter. Prüfe mit Silbenbögen.

Straße

S. 19

😃 🙂 😐 🙁

• SAH, S. 63
• SB, S. 47
• Das kann ich, S. 9

Inhalte des Kapitels wiederholen;
eigenen Lernstand reflektieren

Wiederholung
Richtig schreiben

63

Gefühle erkennen und darstellen

(1) 👄 Erzähle.

(2) 👄 Wann fühlst du dich so? Erzähle.

> Ich fühle mich **traurig**, wenn mein Helm weg ist.

> Ich fühle mich **fröhlich**, wenn ich fliege.

(3) 👄 Sammelt weitere Gefühle. Wann fühlt ihr euch so? Erzählt. 👥

(4) 👄 Spiele die Gefühle aus (3) vor. Gebt euch Rückmeldung. 👥

> An deinem Gesicht sehe ich, …

> An deinem Körper sehe ich, …

> Deine Stimme klingt …

[5] ✏️ Erstelle ein Leporello zu deinen Gefühlen.

◯ ✏️ Male. ◯ ✏️ Schreibe. ◯ ✏️ Male und schreibe.

zu anderen sprechen: erzählen; mit anderen sprechen: über
Gefühle sprechen; vor anderen sprechen: Gefühle darstellen;
verstehend zuhören: Hörtexte/Gespräche erfassen

• SAH, S. 64
• SB, S. 48
• Wir-Heft B1, S. 50, 51

Gefühle ausdrücken und verstehen

1 👄 Erzähle.

2 👄 Wie fühlen sich die Kinder in ① ? Beschreibt. 👥

3 Sara möchte sich entschuldigen.
👄 Was kann sie sagen und tun? 👥

4 Spielt die Geschichte nach.
Findet eine Lösung für den Streit. 👥

Achtet auf die Gefühle der Kinder.

5 👄 Was ist dir bei einer Freundschaft wichtig? Erzähle.

Mein Freund soll …

Meine Freundin soll nicht …

• SAH, S. 65
• SB, S. 49
• Wir-Heft B1, S. 52, 53

mit anderen sprechen: über Gefühle/Streit sprechen; vor anderen sprechen: szenisch spielen; verstehend zuhören: paraverbale und nonverbale Äußerungen beachten

Sprechen und Zuhören

65

Bestimmte und unbestimmte Artikel unterscheiden

① 👄 Erzähle.

> Du darfst dir **ein** Seil aussuchen.

> Ich möchte **das** Seil haben.

② ✏️ 👄 Ordnet die Sätze den Sprechblasen zu. Begründet. 👥

> | 1 | Steffen darf sich **irgendein** Seil aussuchen. |
>
> | 2 | Steffen möchte **ein ganz bestimmtes** Seil haben. |

Nomen können einen Artikel (Begleiter) haben.
Es gibt **bestimmte Artikel**: der, die, das.
Es gibt **unbestimmte Artikel**: ein, eine.

③ ✏️ Schreibe die Nomen mit unbestimmtem Artikel.

der Hund — ein Hund

das Zelt —

der Prinz —

die Treppe —

das Auto —

der, das → ein
die → eine

Sprache untersuchen   sprachliche Begriffe kennen und anwenden: bestimmte und
unbestimmte Artikel (Begleiter) kennen und unterscheiden

• SAH, S. 66
• SB, S. 50

Bestimmte und unbestimmte Artikel unterscheiden

1 ✏ Schreibe die Artikel. 📖

S. 23 -

| das | Kind | – | ein | Kind |

| | Tante | – | | Tante |

| | Familie | – | | Familie |

| | Onkel | – | | Onkel |

| | Schaf | – | | Schaf |

2 ✏ Schreibe den bestimmten oder den unbestimmten Artikel.

| D~~ie~~ | Der | Das | eine | ein | ein |

Ali hat **eine** Freundin. **Die** Freundin heißt Lara.

Lara hat **ein** Küken. _____ Küken heißt Flo.

Draußen läuft _____ Hund. **Der** Hund jagt Flo.

Jan hat _____ Puppe. **Die** Puppe ist blond.

Oma kauft _____ Kleid. **Das** Kleid ist rot.

Auf dem Schulhof liegt **ein** Ball. _____ Ball gehört Ole.

Wortfamilien erkennen

(1) Lest die Sätze.

Was fällt euch auf?

> Ole ist Salomes bester Freund.
>
> Salome, Momo und Lola sind Freundinnen.
>
> Ole und Lola sind nicht befreundet.
>
> Lola findet Ole unfreundlich.

(2) Welcher Teil ist in den Wörtern gleich? Markiere.

> Freund   Freundinnen   befreundet   unfreundlich

Wörter mit demselben **Wortstamm** gehören
zu einer **Wortfamilie**. Sie sind **verwandt**:
Freund, Freundin, befreundet, Freundschaft, freundlich.

(3) Markiere den Wortstamm SPIEL.

> Spielplatz   Mitspielerin   spielen
>
> Spielstraße   Kartenspiel   du spielst
>
> Ballspiel   verspielt   Handspiel
>
> Beispiel   Spielzeug   Spieler

Sprache untersuchen   sprachliche Strukturen kennen und anwenden: Wortbausteine
(Wortstamm) identifizieren; Möglichkeiten der Wortbildung untersuchen (Wortfamilie)

• SAH, S. 68
• SB, S. 51

Wortfamilien erkennen

① ✎ Markiere den Wortstamm farbig.

halten	malen	Malerin	anhalten
anmalen	haltbar	Haltestelle	Malbuch

② ✎ Schreibe die Wörter aus ① zur Wortfamilie.

HALT: halten,

MAL: malen,

③ ✎ Schreibe weitere Wörter in ②.

④ ✎ Markiere den Wortstamm.

Wettrennen	anbauen	Durchsage
Rennpferd	Baustelle	vorsagen
wegrennen	aufbauen	er sagt
sie rennt	er baut	weitersagen
Rennfahrerin	Bauer	absagen
Rennwagen	umbauen	zusagen

• SAH, S. 69
• SB, S. 51

sprachliche Strukturen kennen und anwenden: Wortbausteine (Wortstamm) identifizieren; Möglichkeiten der Wortbildung untersuchen (Wortfamilie)

Sprache untersuchen

Nomen mit Auslautverhärtung weiterschwingen

① 👄 Erzähle.

Hun▮

t oder d?
Ich höre **t** am Ende.

Ich schwinge weiter:
Hunde – also **Hund** mit **d**.

Wenn du unsicher bist, wie du ein Wort
am Ende schreibst, **schwingst** du **weiter**:
Hun t/d – Hunde, also Hund mit d.

② 🐦✏️ **t oder d?** Lies mit Silbenbögen. Schreibe.

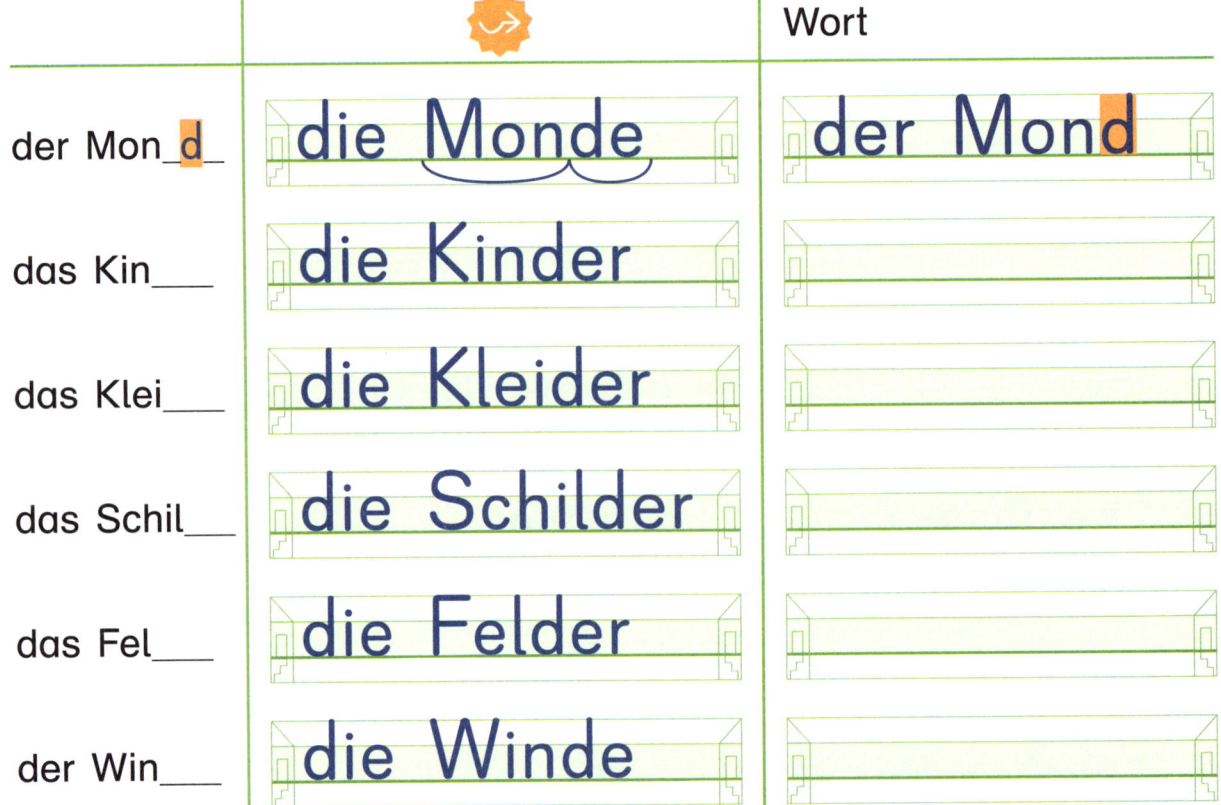

	↪	Wort
der Mon_d_	die Monde	der Mond
das Kin___	die Kinder	
das Klei___	die Kleider	
das Schil___	die Schilder	
das Fel___	die Felder	
der Win___	die Winde	

Richtig schreiben

rechtschriftliche Kenntnisse anwenden: Nomen mit Auslaut-
verhärtung schreiben (t/d);
Rechtschreibstrategien anwenden: Weiterschwingen

• SAH, S. 70
• SB, S. 52

Nomen mit Auslautverhärtung weiterschwingen

1 ✎ **t** oder **d**? Schwinge die Nomen weiter.

	↻	Wort
der Freun_d_	die Freunde	der Freund
der Aben___		
das Pake___		
der Sala___		
das Lie___		
das Bil___		
das Hem___		

2 ✎ ✎ Verbinde. **t** oder **d**? Schreibe.

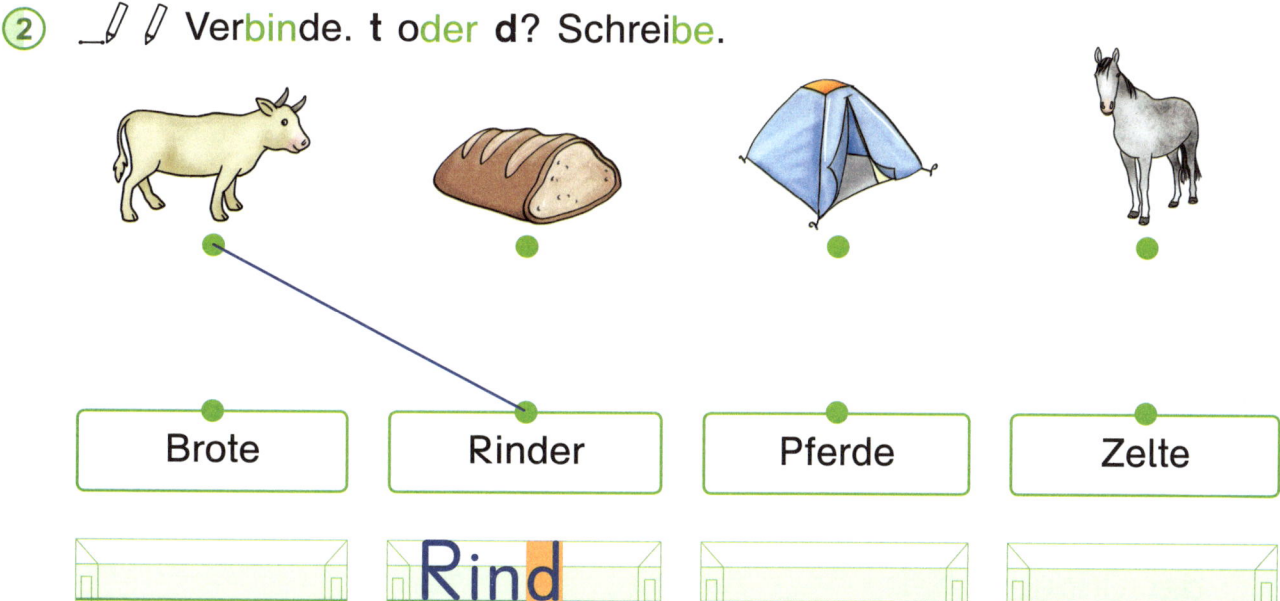

Brote	Rinder	Pferde	Zelte
	Rind		

• SAH, S. 71
• SB, S. 52

rechtschriftliche Kenntnisse anwenden: Nomen mit Auslaut-
verhärtung schreiben (t/d);
Rechtschreibstrategien anwenden: Weiterschwingen

Richtig schreiben

71

Nomen mit Auslautverhärtung weiterschwingen

(1) 👄 Erzähle.

k oder **g**?
Ich höre **k** am Ende.

Ich schwinge weiter:
Berge – also **Berg** mit **g**.

(2) 🕊️ ✏️ **k** oder **g**? Schwinge die Nomen weiter.

	🔄	Wort
der Ber_g_	die Berge	der Ber**g**
die Bur___	die Burgen	
der Zwer___		
das Geschen___		

(3) 🕊️ ✏️ **p** oder **b**? Schwinge die Nomen weiter.

	🔄	Wort
der Kor_b_	die Körbe	der Kor**b**
das Sie___	die Siebe	
der Urlau___		

Richtig schreiben
rechtschriftliche Kenntnisse anwenden: Nomen mit Auslaut-
verhärtung schreiben (k/g, p/b);
Rechtschreibstrategien anwenden: Weiterschwingen

• SAH, S. 72
• SB, S. 53

Eine Einladung kennen

Das ist bei Einladungen wichtig.

1 👁 Lies die Einladung.

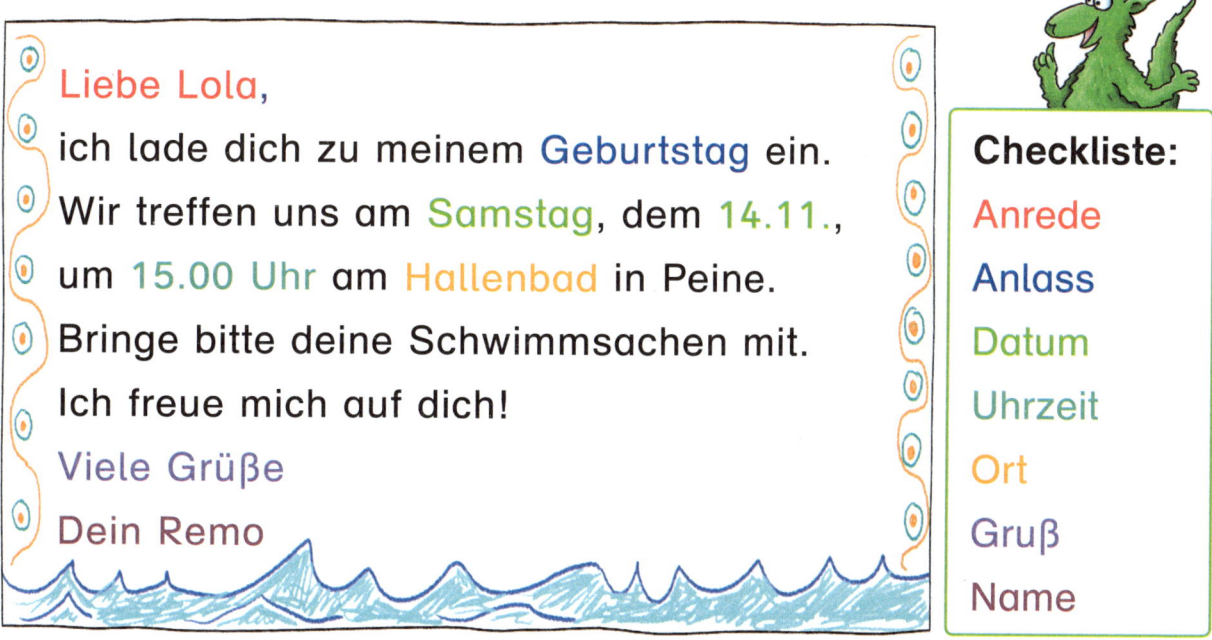

Liebe Lola,

ich lade dich zu meinem Geburtstag ein.
Wir treffen uns am Samstag, dem 14.11.,
um 15.00 Uhr am Hallenbad in Peine.
Bringe bitte deine Schwimmsachen mit.
Ich freue mich auf dich!

Viele Grüße

Dein Remo

Checkliste:

Anrede

Anlass

Datum

Uhrzeit

Ort

Gruß

Name

2 ✏ Beantworte die Fragen.

Wer bekommt die Einladung?

Lola

Wozu wird eingeladen?

An welchem Tag wird gefeiert?

Um wie viel Uhr beginnt die Feier?

Wo findet die Feier statt?

Wie lautet der Gruß?

Wer hat die Einladung geschrieben?

Eine Einladung überarbeiten und schreiben

1 ✎ Setze ein.

Liebe Grüße	Geburtstag	~~Lieber Ole~~
16.00 Uhr	Freitag 21.10. zu mir	Deine Salome

Lieber Ole ,

ich lade dich zu meinem _____ ein.

Wir wollen einen Film schauen.

Komme am _____, dem

_____, um _____.

Komme bitte _____.

Bringe dein Kinoticket mit!

Das wird ganz toll! Ich freue mich auf dich!

_____

_____

KINO POP-CORN

— S. 18

2 👄 Führt eine Leserunde zu euren Einladungen durch.

👁 Achtet auf die Checkliste von Seite 73. 👥

Texte schreiben: adressatengerecht und kriteriengeleitet eine
Einladung schreiben; Texte überarbeiten: textsortenspezifische
Kriterien nutzen; Leserunde durchführen

• SAH, S. 74
• SB, S. 55
• Wir-Heft B1, S. 56, 57

Forschen mit Bu

Nomen mit Auslautverhärtung weiterschwingen

① Schwinge die Nomen. Markiere **d**, **g** und **b**.

S. 21 –

Grundwortschatz		
der Abend	↝	↑
der Hund	↝	↑
das Kind	↝	↑
das Pferd	↝	↑
der Berg	↝	↑

Grundwortschatz		
der Tag	↝	↑
der Weg	↝	↑
das Sieb	↝	↑
der Urlaub	↝	↑
der Dieb	↝	↑

② Schwinge die Nomen weiter. die Abende – der Abend,...

③ Führt ein Rechtschreib-Gespräch.

S. 20 –

Pferd	Abend	Berg	Urlaub

④ Setze die Nomen aus ③ ein.

In unserem Urlaub_____ erleben wir viel Neues.

Wir steigen auf einen hohen _____.

Ich reite auf einem _____.

Am _____ sitzen wir am Lagerfeuer.

⑤ Unterstreiche die Wörter.

ab ~~bald~~ ob

Sara hat <u>bald</u> Geburtstag. Ich überlege, ob ich ihr ein Pferd schenke. Das Spielzeug kann ich ab Montag kaufen.

• SAH, S. 75
• SB, S. 56

Rechtschreibstrategie anwenden: Weiterschwingen; Großschreibung; rechtschriftliche Kenntnisse anwenden: Funktionswörter erkennen; Arbeitstechniken anwenden: Rechtschreibgespräch

Grundwortschatz

75

Bestimmte und unbestimmte Artikel unterscheiden

1 ✏ Schreibe die Artikel. 📖

der Hund – **ein** Hund

_____ Kind – _____ Kind

_____ Feier – _____ Feier

_____ Buch – _____ Buch

_____ Baum – _____ Baum

_____ Tasse – _____ Tasse

2 ✏ Schreibe den bestimmten oder den unbestimmten Artikel.

~~Das~~	die	Der	eine

Momo hat **ein** Fahrrad. **Das** Fahrrad ist rot.

Es kommt **ein** neuer Lehrer. _____ Lehrer heißt Herr Alt.

Ole kauft _____ Blume. **Die** Blume blüht gelb.

Ali findet **eine** Muschel. Er schenkt _____ Muschel Cleo.

😃 🙂 😐 🙁

Wiederholung
Sprache untersuchen

Inhalte des Kapitels wiederholen;
eigenen Lernstand reflektieren

• SAH, S. 76
• Das kann ich, S. 10

Wörter mit Auslautverhärtung weiterschwingen

1 🖊 **t** o**der** **d**? Lies mit Sil**ben**bö**gen**. Schrei**be**.

	↻	Wort
das Gel___	die Gelder	das Geld
das Plaka___	die Plakate	
der Win___	die Winde	
der Stif___	die Stifte	

2 🖊 **k** o**der** **g**? Schwin**ge** die No**men** wei**ter**.

	↻	Wort
der Zu___	die Züge	der Zug
das Geträn___		
der Zwei___		
der Ta___		
der We___		

S. 19

• SAH, S. 77
• SB, S. 57
• Das kann ich, S. 11

Inhalte des Kapitels wiederholen;
eigenen Lernstand reflektieren

Wiederholung
Richtig schreiben

77

STOPP

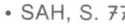

Zu einem Bild erzählen

①  Erzähle.

② Erzählt eine Geschichte zu dem Bild in ①.

| Wie fühlen sich die Figuren? | Was sagen die Figuren? |

| Wie sprechen die Figuren? |

③ Gestaltet eure Geschichte.

Spielt vor.

Legt ein Bodenbild.

Nehmt auf.

Sprechen und Zuhören

zu anderen sprechen: erzählen; situations- und adressatengerecht sprechen; verstehend zuhören: Hörtexte/Gespräche erfassen

• SAH, S. 78
• SB, S. 58
• Wir-Heft B1, S. 60, 61

Eine Geschichte erzählen

① 👄 Erzähle.

— landen
im Urwald

— Affen hüpfen
um Kiste
— aufgeregt

Wünsche

Hurra!
Wir haben
Wünsche frei!

② Wie geht die Geschichte weiter?
✏ Plane in ①.

Achte auf
die Reihenfolge.

③ 👄 Erzähle die Geschichte aus ①.
Verstelle deine Stimme.

④ 👄 Gebt euch Rückmeldung. 👥

Du hast die Reihenfolge
beachtet.

Du hast deine Stimme
passend verstellt.

…

• SAH S. 79
• SB, S. 59
• Wir-Heft B1, S. 62, 63

zu anderen sprechen: Erzählstrukturen kennen und umsetzen
(Reihenfolge); vor anderen sprechen: mithilfe einer Gliederung
(roter Faden) eine Geschichte erzählen

Sprechen und
Zuhören
79

Verben kennen

1 👄 Erzähle.

fliegen

schwimmen

laufen

2 Wählt ein Wort. Spielt vor. Ratet. 👥

| reiten | springen | trinken | singen | malen |

Verben sagen, was **jemand tut** oder **was geschieht**.
Verben haben eine **Grundform**: reiten, singen, trinken, brennen.

---

3 ✏ Setze die Verben aus ② passend ein.

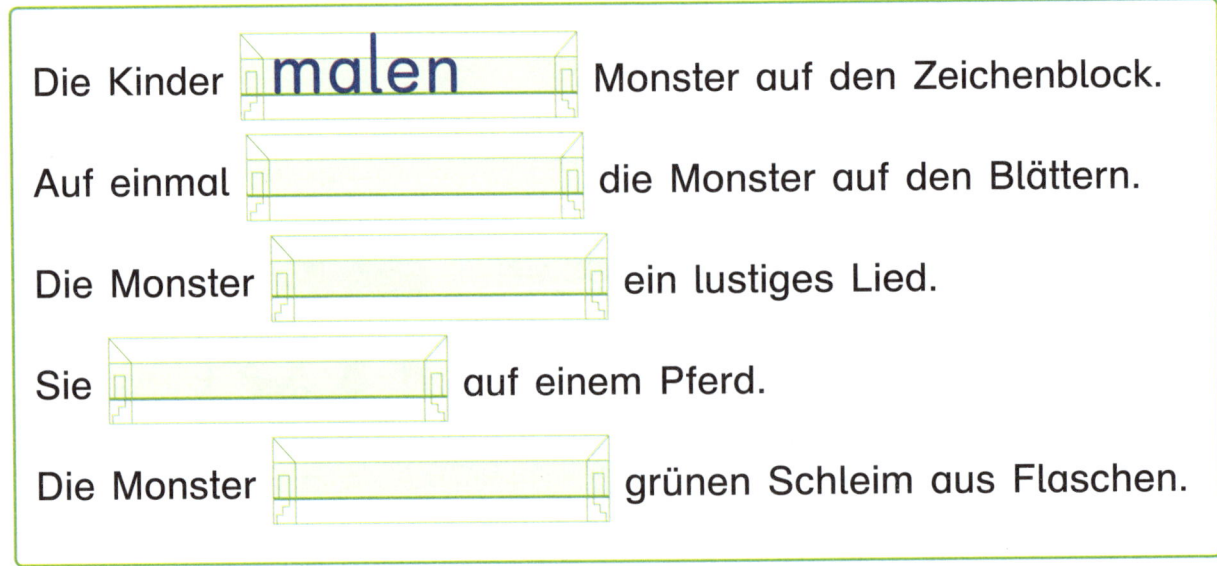

Die Kinder **malen** Monster auf den Zeichenblock.

Auf einmal _____ die Monster auf den Blättern.

Die Monster _____ ein lustiges Lied.

Sie _____ auf einem Pferd.

Die Monster _____ grünen Schleim aus Flaschen.

4 Sammele Verben. △ lesen, reiten, ...

Personalformen von Verben kennen

(1) ✏ Was ändert sich bei den Verben? Markiere. △

> Ich **male** ein Monster.
> Du **malst** ein Monster.
> Er **malt** ein Monster.

> Wir **malen** ein Monster.
> Ihr **malt** ein Monster.
> Sie **malen** ein Monster.

Verben verändern sich. Es kommt darauf an, **wer** etwas tut.
ich mal**e**, du mal**st**, er/sie/es mal**t**, wir mal**en**, ihr mal**t**, sie mal**en**.
Die Endungen sind **Wortbausteine**.

---

(2) ✏ Schreibe die Verbformen. Markiere.

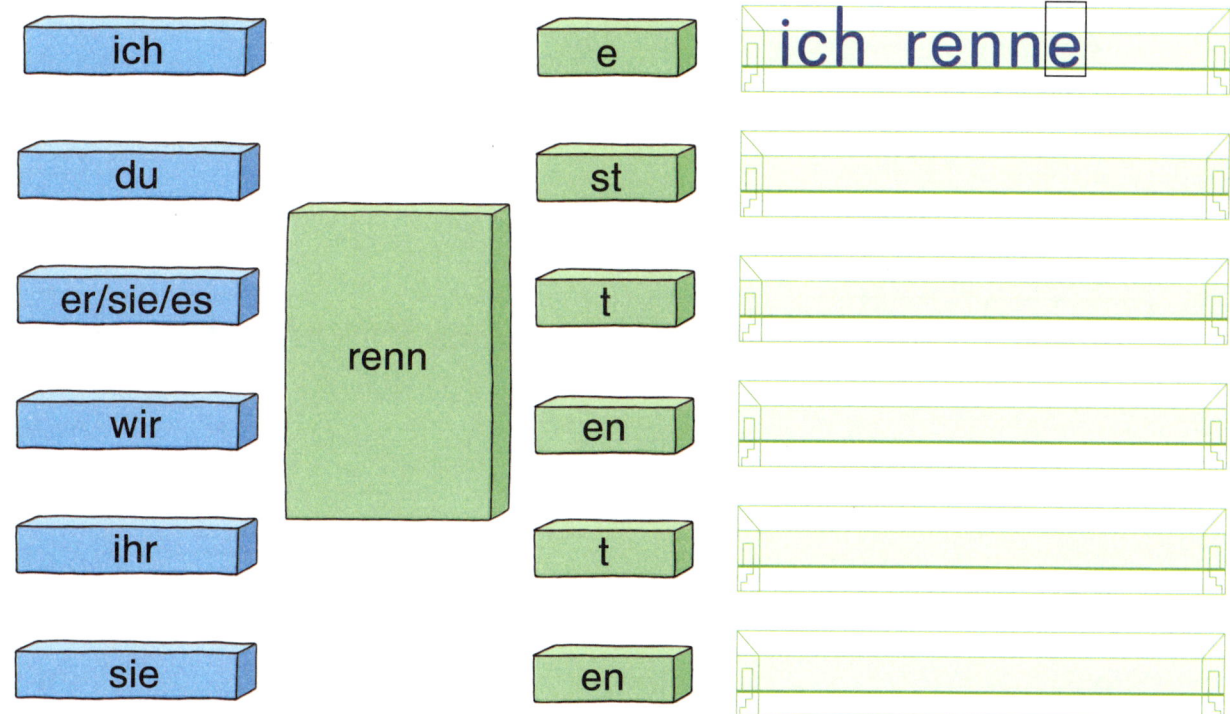

ich		e	ich renne
du	renn	st	
er/sie/es		t	
wir		en	
ihr		t	
sie		en	

> Der Wort**stamm** ist
> ein wich**t**iger Wort**bau**stein.
> Er bleibt meis**tens** gleich.

• SAH S. 81
• SB, S. 61

sprachliche Strukturen kennen und anwenden: Personalformen
von Verben (regelmäßig) kennen; Möglichkeiten der Wortbildung
kennen (Wortbausteine)

Sprache untersuchen

Personalformen von Verben kennen

1 ✏ Schreibe die Verbformen. Markiere.

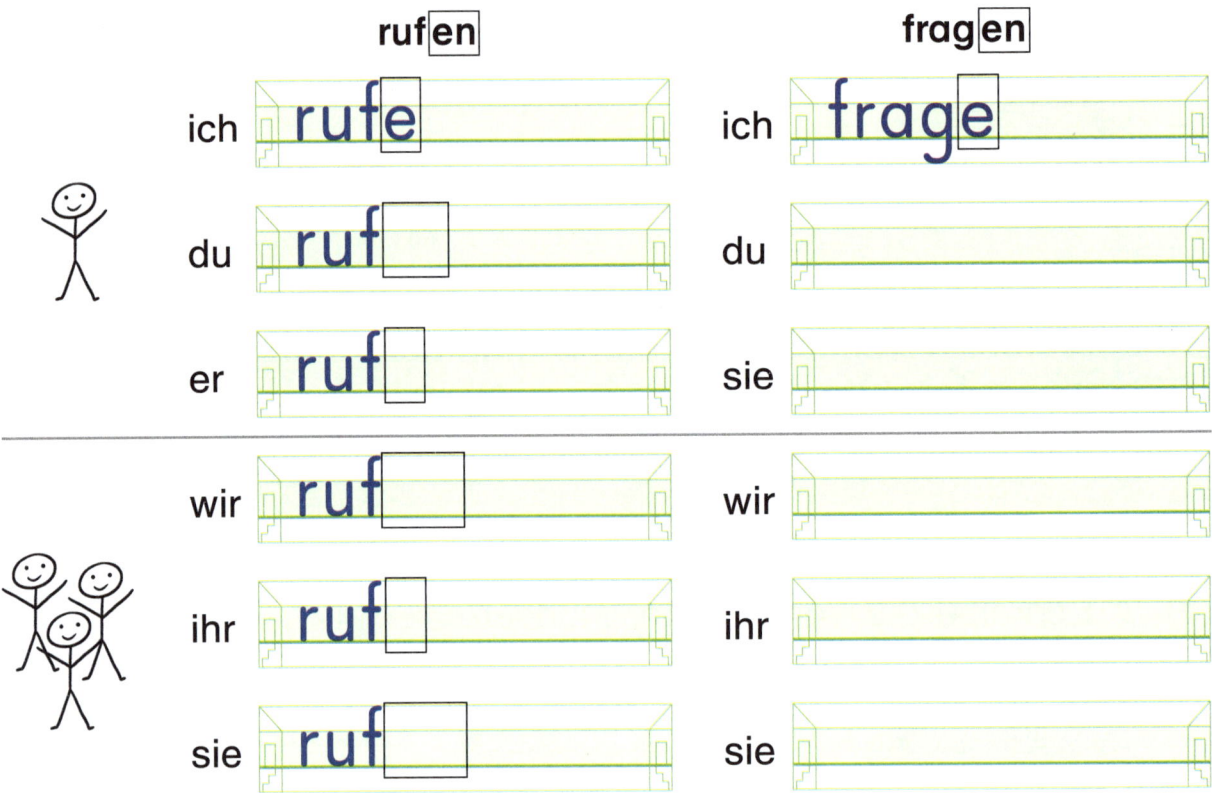

	ruf|en|		frag|en|
ich	rufe	ich	frage
du	ruf	du	
er	ruf	sie	
wir	ruf	wir	
ihr	ruf	ihr	
sie	ruf	sie	

2 ✏ Schreibe und markiere.

rennst	~~renne~~	rennt	rennen	rennt	rennen

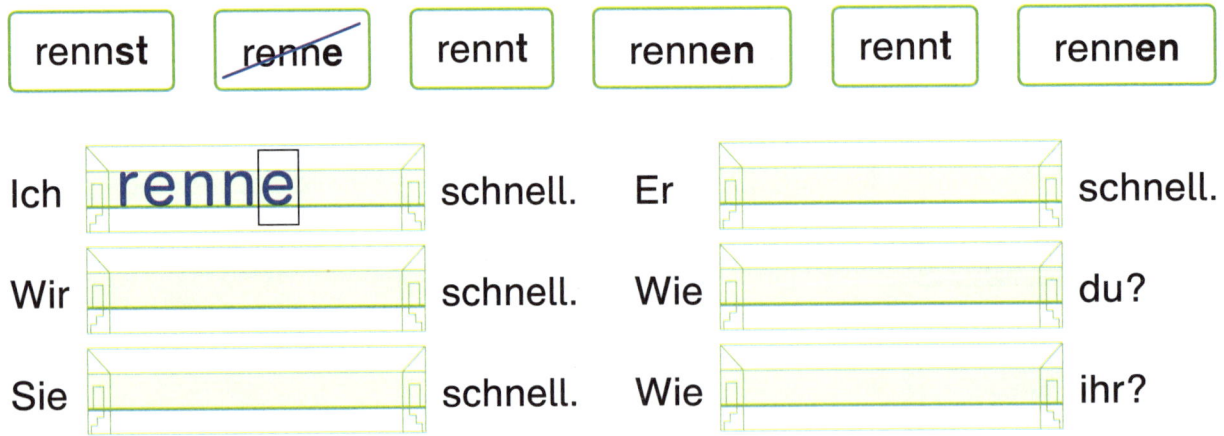

Ich **renne** schnell.   Er _____ schnell.

Wir _____ schnell.   Wie _____ du?

Sie _____ schnell.   Wie _____ ihr?

3 👄 Woran erkennst du Verben? △

| tun   Wortbausteine   Endungen |

sprachliche Strukturen kennen und anwenden: Personalformen
von Verben (regelmäßig) kennen; Möglichkeiten der Wortbildung
kennen (Wortbausteine)

• SAH, S. 82
• SB, S. 61

Wörter mit ck schreiben

①  Erkläre.

Schnecke

Warum **ck**?

Die erste Silbe ist geschlossen.
Du hörst **kk**, aber du schreibst **ck**.

② Schreibe die Nomen mit bestimmtem Artikel.
Prüfe mit Silbenbögen.

S. 23 –

die Schnecke

③ Schreibe die Wir-Form. Prüfe mit Silbenbögen.

wir schmücken

Wörter mit tz schreiben

– S. 23 ① ✏ Schreibe die Nomen mit bestimmtem Artikel. 📖
🐦 Prüfe mit Silbenbögen.

Du hörst **zz**.
Du schreibst **tz**.

der Anspitzer

② ✏ 🐦 Schreibe die Wir-Form. Prüfe mit Silbenbögen.

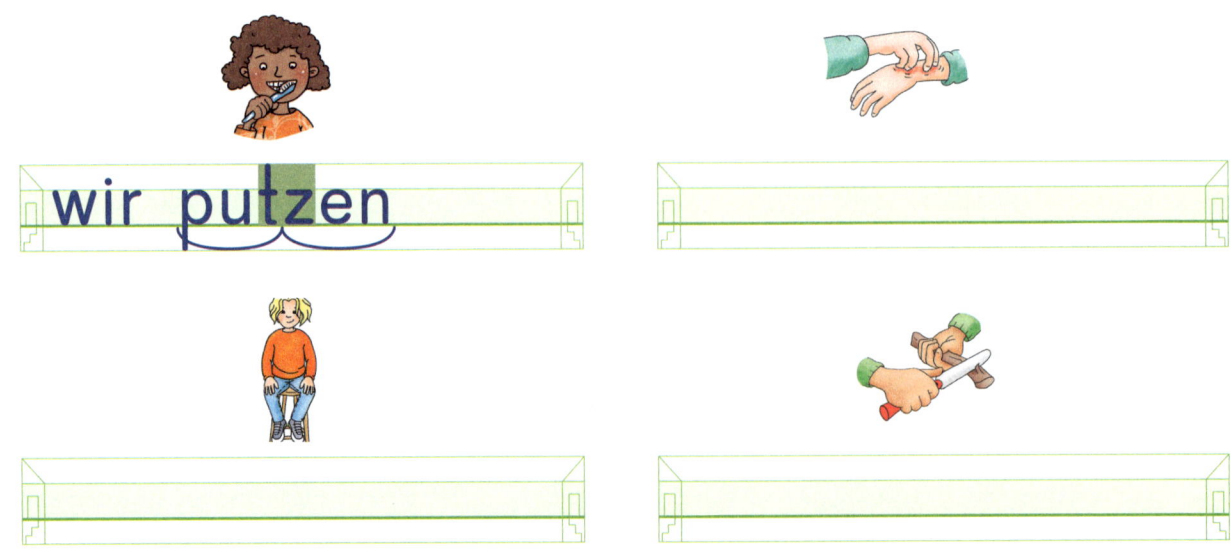

wir putzen

84

Richtig schreiben | rechtschriftliche Kenntnisse anwenden: Wörter mit tz schreiben; Rechtschreibstrategien anwenden: Mitsprechen | • SAH, S. 84 • SB, S. 62

Verben mit Doppelkonsonanten weiterschwingen

1 Erzähle.

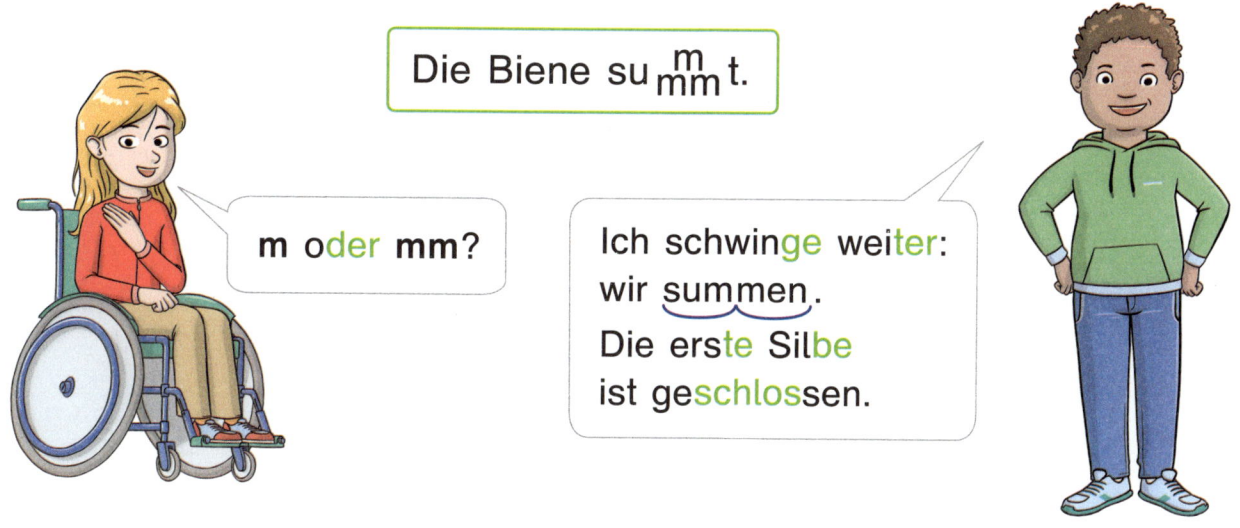

Die Biene su mm t.

m oder mm?

Ich schwinge weiter:
wir summen.
Die erste Silbe
ist geschlossen.

2 Schwinge die Verben weiter.

	Wort
sie su mm t	wir summen	sie summt
er wi pp t		
es kna ll t		
sie ke nn t		
er ho ff t		
es bre nn t		
er be ll t		

• SAH, S. 85
• SB, S. 63

rechtschriftliche Kenntnisse anwenden: Verben mit Doppelkonso-
nanz schreiben;
Rechtschreibstrategien anwenden: Weiterschwingen

Richtig schreiben

85

Verben mit Doppelkonsonanten weiterschwingen

① Schwinge die Verben weiter.

		Wort
sie ko~m~mmt		
er sto~p~ppt		
es ste~l~llt		
sie ne~n~nnt		
er scha~f~fft		
es re~n~nnt		
er ro~l~llt		

② Was macht Kari? Schreibe die Sätze auf.

schwimmen: **Kari schwimmt.**

kippen:

schnappen:

brummen:

Richtig schreiben

rechtschriftliche Kenntnisse anwenden: Verben mit Doppelkonso-
nanz schreiben;
Rechtschreibstrategien anwenden: Weiterschwingen

• SAH, S. 86
• SB, S. 63

Schreibideen auswählen

1 👁 👄 Lies und erzähle.

Nach einem langen Flug landet das Ufo in einem/einer

○ Supermarkt    ○ Garten    ○ Urwald   ○ _____.

Die Tür öffnet sich und

○ ein Junge    ○ ein Affe    ○ eine Fee   ○ _____

steigt aus. In der Hand hält er/sie/es

○ einen Brief    ○ eine Schatzkarte    ○ eine Flaschenpost   ○ _____.

„Ich habe mich verirrt. Ich suche

○ einen Schatz."    ○ einen Drachen."    ○ einen König."   ○ _____."

Er/Sie/Es macht sich auf die Suche.

2 ✂️ Wähle in ① Ideen für deine Geschichte. Kreuze an.

3 ✏️ Schreibe deine Geschichte auf. 📓

• SAH, S. 87
• SB, S. 64
• Wir-Heft B1, S. 64, 65

Texte planen: Schreibideen nutzen; Texte schreiben: nach Anregungen eigene Texte schreiben

Texte verfassen

Eine Fantasiegeschichte fortsetzen

① ✎ Wie geht deine Geschichte weiter? Plane.

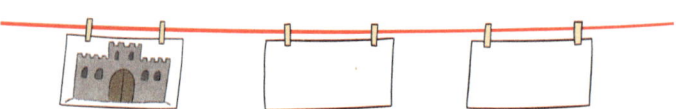

② ✎ Schreibe deine Geschichte zu Ende. 📖

③ ✎ Finde eine Überschrift.

> Eine gute Überschrift ist kurz und macht neugierig.

Der verschwundene Schatz

Das Versprechen des Königs

Die geheimnisvolle Flaschenpost

— S. 18 **④** 👄 Führt eine Leserunde durch. Gebt euch Rückmeldung. 👥

> Die Überschrift passt gut zu deiner Geschichte.

> Achte auf die Reihenfolge.

> Ich habe einen Tipp: …

> …

⑤ ✎ Überarbeite deine Geschichte.

⑥ 👁 👄 Lest eure Geschichten vor. Nehmt sie auf.

88

Texte verfassen | Texte schreiben: eine Geschichte fortsetzen; Texte planen: Gliederung anfertigen (roter Faden); Texte überarbeiten: Rückmeldungen für die Überarbeitung nutzen (Leserunde) | • SAH, S. 88 • SB, S. 65 • Wir-Heft B1, S. 66, 67

Forschen mit Bu

Verben mit Doppelkonsonanten weiterschwingen

(1) Schwinge die Verben. Markiere **ff**, **ll**, **mm** und **nn**.

S. 21

Grundwortschatz	
er schafft	↻
sie hofft	↻
es stellt	↻
er füllt	↻
sie rollt	↻

Grundwortschatz	
es soll	↻
er kommt	↻
sie schwimmt	↻
es rennt	↻
er kennt	↻

(2) Schwinge die Verben weiter. wir schaffen – er schafft, ...

(3) Führt ein Rechtschreib-Gespräch.

S. 20

schafft	soll	kommt	kennt

(4) Setze die Verben aus (3) ein.

Ole _soll_____ einem Affen helfen.

Das Tier _____ es nicht allein zur Burg.

Doch Ole _____ den Weg.

Der Affe _____ mit Oles Hilfe zum Ziel

(5) Unterstreiche die Wörter.

~~wenn~~ wann dann

Bu soll das Ufo putzen, <u>wenn</u> es dreckig ist. Er überlegt,
wann Kari kommt. Sie können dann zusammen putzen.

• SAH, S. 89
• SB, S. 66

Rechtschreibstrategie anwenden: Weiterschwingen;
rechtschriftliche Kenntnisse anwenden: Funktionswörter erkennen;
Arbeitstechniken anwenden: Rechtschreibgespräch

Grundwortschatz

Verben erkennen und nutzen

① ✎ Schreibe die Verbformen. Markiere.

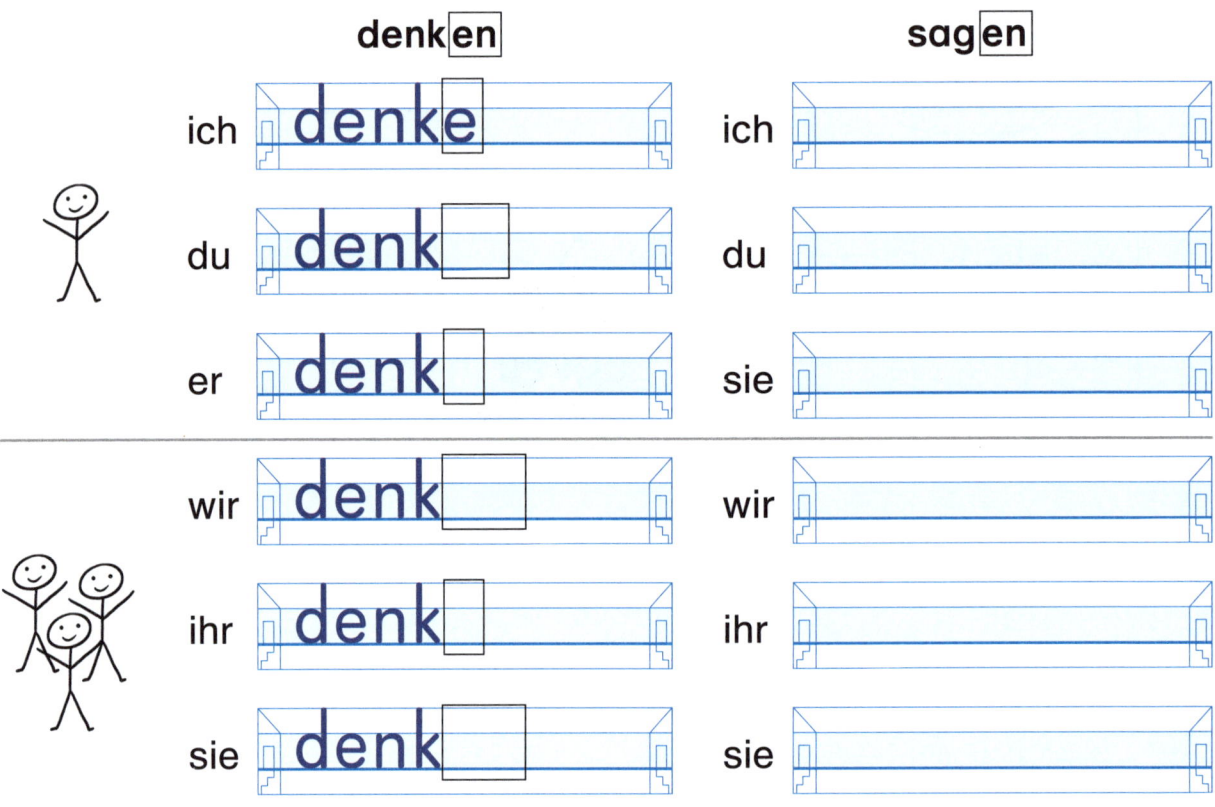

denk[en]

ich	denke
du	denk
er	denk
wir	denk
ihr	denk
sie	denk

sag[en]

ich	
du	
sie	
wir	
ihr	
sie	

② ✎ Schreibe und markiere.

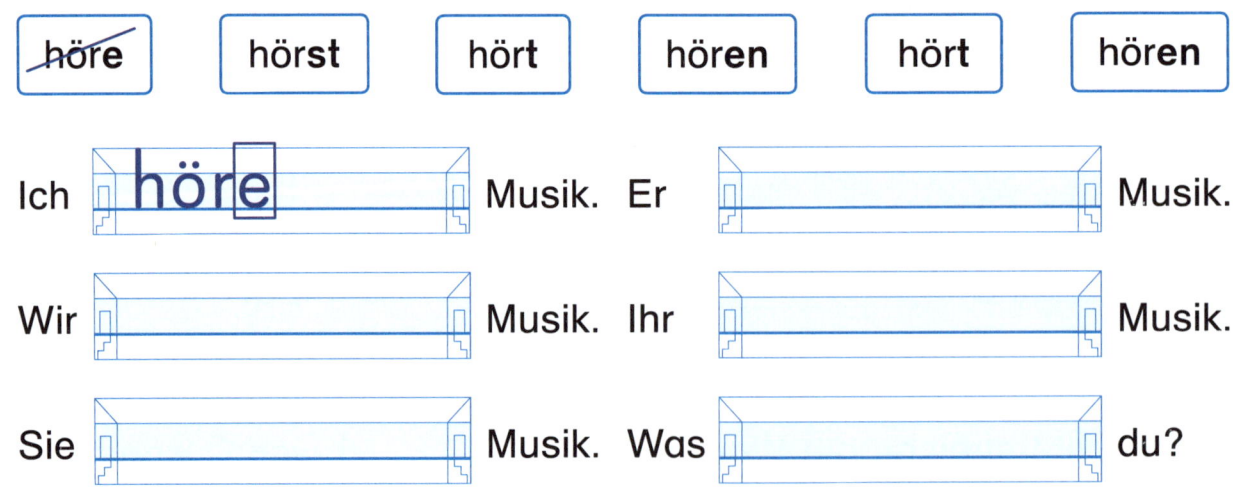

| ~~höre~~ | hörst | hört | hören | hört | hören |

Ich **höre** Musik. Er ____ Musik.

Wir ____ Musik. Ihr ____ Musik.

Sie ____ Musik. Was ____ du?

Wiederholung
Sprache untersuchen

Inhalte des Kapitels wiederholen;
eigenen Lernstand reflektieren

• SAH, S. 90
• SB, S. 67
• Das kann ich, S. 12

Verben mit Doppelkonsonanten weiterschwingen

(1) Schwinge die Verben weiter.

	↪	Wort
er kommt	wir kommen	er kommt
es soll		
sie kippt		
er bellt		
es kämmt		
sie beginnt		

(2) Was tun die Tiere?
✏ Schreibe die Sätze auf.

schnurren: Die Katze schnurrt.

rennen:

spinnen:

knurren:

S. 19

• SAH, S. 91
• SB, S. 68
• Das kann ich, S. 13

Inhalte des Kapitels wiederholen;
eigenen Lernstand reflektieren

Wiederholung
Richtig schreiben

STOPP

91

Ein Gedicht schreiben (Sprechtaculum)

1 👁 👄 Lest das Gedicht vor.
Jeder liest eine Zeile. 👥

Herbstblätterhaufen
Blätterhaufenherbst
Herbstblätterhaufen
Haufenblätterherbst
Herbstblätterhaufen

2 ✎ Unterstreiche die Nomen in **1**.

3 ✎ Schreibe die Nomen aus **1** auf.

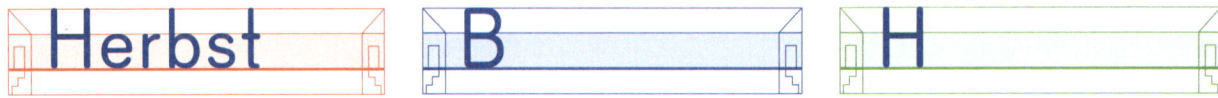

Herbst   B   H

4 ✎ Schreibe ein Gedicht wie in **1**.

Kinder

Spiel

Platz

sprachliche Strukturen kennen und anwenden: experimentell/kreativ mit Sprache umgehen; Texte planen/schreiben: nach Mustern Texte (Gedicht/Sprechtaculum) schreiben

• SAH, S. 92
• SB, S. 119
• Wir-Heft B1, S. 72, 73

Im Winter

Ein Wintergedicht vortragen

① 👁 👄 Lies das Gedicht. Erzähle.

> 1   Der <u>Schneemann</u> auf der Straße
>   trägt einen <u>weißen</u> Rock,
>   hat eine <u>rote</u> Nase
>   und einen <u>dicken</u> Stock.
>
> 2   Er rührt sich <u>nicht</u> vom Flecke,
>   auch wenn es <u>stürmt</u> und schneit.
>   <u>Stumm</u> steht er in der Ecke
>   zur kalten <u>Winters</u>zeit.
>
> 3   Doch tropft es von den Dächern
>   im ersten Sonnenschein,
>   da fängt er an zu laufen,
>   und niemand holt ihn ein.
>
> *Robert Reinick*

② 👁 👄 Lest das Gedicht vor.
Welche Wörter möchtet ihr besonders hervorheben?
✏ Unterstreicht in der dritten Strophe. 👥

③ 👄 Worauf musst du achten, wenn du ein Gedicht vorträgst? △

④ 👄 Tragt das Gedicht vor. Gebt euch Rückmeldung. 👥

S. 19 —

> Du hast wichtige
> Wörter hervorgehoben.

> Ich gebe dir den
> Tipp: Sprich langsamer.

⑤ ✏ Schreibe das Gedicht aus ① ab. Gestalte es. 📖

• SAH, S. 93
• SB, S. 120
• Wir-Heft B1, S. 74, 75

vor anderen sprechen: Gedicht vortragen; Redeweise (Hervorhebung) adressaten- und situationsgerecht wählen

Texte verfassen

Kompetenzübersicht

Kapitel	Sprechen und Zuhören	Sprache untersuchen
Willkommen	S. 4: zu anderen sprechen: erzählen; verstehend zuhören: Hörtexte erfassen	S. 5/6: sprachliche Strukturen kennen, anwenden: Laute, Anlaute, Mehrgrapheme kennen, anwenden; Wörter in Silben gliedern; Vokale markieren; Rechtschreibstrategien anwenden: Mitsprechen
In der Schule	S. 8/9: zu anderen sprechen: erzählen; verstehend zuhören: Hörtexte erfassen; mit anderen sprechen: Gespräche führen; Gesprächsregeln entwickeln, beachten	S. 10 – 13/20: sprachliche Strukturen kennen, anwenden: Wörter in Silben gliedern; Vokale, Diphthonge, Umlaute markieren; offene/geschlossene Silben kennen, anwenden; Rechtschreibstrategien anwenden: Mitsprechen; S. 20: eigenen Lernstand reflektieren
Gesund und fit	S. 22/23: zu anderen sprechen: informieren; verstehend zuhören: Hörtexte erfassen; Informationen wiedergeben; Schlussfolgerungen ziehen	S. 24 – 26/34: sprachliche Begriffe kennen, anwenden: Nomen (Substantive) kennen; Nomen (Konkreta) in Kategorien ordnen; bestimmten Artikel kennen, zuordnen; Rechtschreibstrategien anwenden: Nomen großschreiben; S. 34: eigenen Lernstand reflektieren
Draußen unterwegs	S. 36/37: zu anderen sprechen: von Erlebnissen erzählen; Geschichte weitererzählen; vor anderen sprechen: Ideen präsentieren; mit anderen sprechen: Rückmeldung geben; verstehend zuhören: Hörtexte erfassen; über Lernen sprechen: Beobachtungen wiedergeben	S. 38 – 40/48: sprachliche Begriffe kennen, anwenden: Vokale und Konsonanten im Abc unterschieden; Einzahl (Singular) und Mehrzahl (Plural) kennen; sprachliche Strukturen anwenden: Wörter ordnen (Alphabet); Abc-Liste nach Mustern schreiben; S. 48: eigenen Lernstand reflektieren
Technik und Basteln	S. 50/51: mit anderen sprechen: Gespräche führen; gezielt nachfragen; Befragung durchführen; Fragewörter (W-Fragen) nutzen; Beobachtungen wiedergeben; verstehend zuhören: Hörtexte/Gespräche erfassen	S. 52 – 55/62: sprachliche Begriffe/Strukturen kennen, anwenden: Satzschlusszeichen kennen, nutzen (Punkt, Fragezeichen, Ausrufezeichen); Satzarten kennen (Aussagesatz, Fragesatz, Ausrufesatz); S. 62: eigenen Lernstand reflektieren
Gemeinsam leben	S. 64/65: zu anderen sprechen: erzählen; mit anderen sprechen: über Gefühle/Streit sprechen; vor anderen sprechen: Gefühle darstellen; szenisch spielen; verstehend zuhören: Hörtexte/Gespräche erfassen; paraverbale, nonverbale Äußerungen beachten	S. 66 – 69/76: sprachliche Begriffe/Strukturen kennen, anwenden: bestimmten/unbestimmten Artikel (Begleiter) kennen, unterscheiden; Wortbausteine (Wortstamm) identifizieren; Möglichkeiten der Wortbildung untersuchen (Wortfamilie); S. 76: eigenen Lernstand reflektieren
Abenteuer und Fantasie	S. 78/79: zu anderen sprechen: erzählen; situations-/adressatengerecht sprechen; Erzählstrukturen kennen, umsetzen (Reihenfolge); verstehend zuhören: Hörtexte/Gespräche erfassen; vor anderen sprechen: mit Gliederung (roter Faden) Geschichten erzählen	S. 80 – 82/90: sprachliche Begriffe kennen, anwenden: Verben kennen; sprachliche Strukturen kennen, anwenden: Personalformen von Verben (regelmäßig) kennen; Möglichkeiten der Wortbildung kennen (Wortbausteine); S. 90: eigenen Lernstand reflektieren
Durch das Jahr	S. 93: vor anderen sprechen: Gedicht vortragen; Redeweise (Hervorhebung) adressaten-, situationsgerecht wählen	S. 92: sprachliche Strukturen kennen, anwenden: experimentell/kreativ mit Sprache umgehen

Richtig schreiben	Texte verfassen	Digitale Kompetenzen
S. 7: Arbeitstechniken kennen, anwenden: Abschreibtechnik nutzen; rechtschriftliche Kenntnisse anwenden: Wortgrenzen erkennen		
S. 14/15/21: rechtschriftliche Kenntnisse anwenden: Wörter mit -e, -el, -en, -er schreiben; Rechtschreibstrategien anwenden: Mitsprechen; **S. 19**: Funktionswörter kennen; Arbeitstechnik: Rechtschreibgespräch; **S. 21**: eigenen Lernstand reflektieren	**S. 16 – 18**: Texte planen: Klassen-regeln entwickeln; Texte schreiben: nach Mustern schreiben (Klassenregeln); Arbeitstechniken anwenden: Abschreibtechnik; präsentieren	**S. 17**: Texte für die Veröffentlichung aufbereiten; präsentieren
S. 27 – 29/35: rechtschriftliche Kenntnisse anwenden: Nomen (Konkreta) erkennen; Wörter mit Mehrgraphemen schreiben; Rechtschreibstrategien anwenden: Großschreibung; Mitsprechen; **S. 33**: Funktionswörter kennen; Arbeitstechnik: Rechtschreibgespräch; **S. 35**: eigenen Lernstand reflektieren	**S. 31/32**: Texte planen/schreiben: Ich-Text nach Mustern schreiben; Akrostichon nach Mustern schreiben; Texte überarbeiten: Ich-Text für die Veröffentlichung aufbereiten, präsentieren	
S. 42 – 44/49: rechtschriftliche Kenntnisse anwenden: Wörter mit Doppelkonsonanz schreiben, offene/geschlossene Silbe kennen; Wörter mit ie (offene Silbe) schreiben; Rechtschreibstrategien anwenden: Mitsprechen; **S. 47**: Funktionswörter kennen; Arbeitstechnik: Rechtschreibgespräch; **S. 49**: eigenen Lernstand reflektieren	**S. 45/46**: Texte planen/schreiben: Geschichte fortsetzen; Texte überarbeiten: Inhalt überprüfen; Rückmeldung geben; Leserunde durchführen	
S. 56 – 58/63: rechtschriftliche Kenntnisse anwenden: Satzanfänge großschreiben, Wörter mit ß/s (silbeninitial) schreiben; Rechtschreibstrategien anwenden: Mitsprechen; **S. 61**: Funktionswörter kennen; Arbeitstechnik: Rechtschreibgespräch; **S. 63**: eigenen Lernstand reflektieren	**S. 59/60**: Texte planen: Wörtersammlung nutzen; Texte schreiben: nach Mustern Rätsel schreiben; Texte überarbeiten: Kriterien eines Rätsels überprüfen (Reihenfolge); rechtschriftliche Kriterien überprüfen; Leserunde durchführen	**S. 51**: Befragung durchführen/aufnehmen
S. 70 – 72/77: rechtschriftliche Kenntnisse anwenden: Nomen mit Auslautverhärtung (t/d, k/g, p/b) schreiben; Rechtschreibstrategien anwenden: Weiterschwingen; **S. 75**: Funktionswörter kennen; Arbeitstechnik: Rechtschreibgespräch; **S. 77**: eigenen Lernstand reflektieren	**S. 73/74**: Texte planen: Textmuster erschließen (Einladung); Schreibabsicht, Textfunktion klären; Texte schreiben: Einladung adressatengerecht, kriteriengeleitet schreiben; Texte überarbeiten: textsortenspezifische Kriterien nutzen; Leserunde durchführen	
S. 83 – 86/91: rechtschriftliche Kenntnisse anwenden: Wörter mit ck, tz schreiben; Verben mit Doppelkonsonanz schreiben; Rechtschreibstrategien anwenden: Weiterschwingen; Mitsprechen; **S. 89**: Funktionswörter kennen; Arbeitstechnik: Rechtschreibgespräch; **S. 91**: eigenen Lernstand reflektieren	**S. 87/88**: Texte planen: Schreibideen nutzen; Gliederung anfertigen (roter Faden); Texte schreiben: nach Anregungen eigene Texte schreiben; eine Geschichte fortsetzen; Texte überarbeiten: Rückmeldungen für die Überarbeitung nutzen (Leserunde)	
	S. 92: Texte planen/schreiben: Sprechtaculum nach Mustern schreiben	**S. 92**: Text mit Schreibprogramm gestalten

Bildquellenverzeichnis

Bildquellenverzeichnis

|Alamy Stock Photo (RMB), Abingdon/Oxfordshire: SD 17.4. |Berghahn, Matthias, Bielefeld: 27.1, 30.4, 65.1, 65.2, 65.3, 66.1, 68.1, 70.1, 72.1, 73.2, 74.1. |Ciecimirski, Michael, Braunschweig: 36.1, 37.1, 37.2, 37.3, 37.4, 38.1, 42.1, 42.2, 45.1, 45.2, 46.1, 46.2, 50.1, 51.1, 52.1, 53.1, 54.1, 54.2, 54.3, 54.4, 54.5, 54.6, 54.7, 54.8, 54.9, 54.10, 55.1, 55.2, 55.3, 56.2, 59.1, 59.2, 59.3, 60.2, 60.4, 78.1, 78.2, 78.3, 78.4, 79.1, 79.2, 80.1, 80.2, 80.3, 80.4, 81.2, 81.3, 81.4, 81.5, 81.6, 81.7, 81.8, 81.9, 81.10, 81.11, 81.12, 81.13, 81.14, 83.1, 83.3, 85.1, 85.2, 87.1, 87.2, 87.3, 87.4, 87.5, 87.6, 87.7, 87.8, 87.9, 87.10, 87.11, 87.12, 88.1, 88.3. |Doering, Svenja, Köln: Titel, Titel, Titel, 2.1, 3.1, 4.1, 5.3, 6.1, 6.2, 7.1, 7.8, 8.3, 8.4, 9.2, 9.3, 9.4, 9.5, 10.1, 10.2, 10.3, 10.4, 10.5, 10.6, 11.1, 11.2, 11.3, 11.4, 11.5, 11.6, 12.1, 13.1, 15.1, 16.1, 16.2, 17.5, 18.1, 19.1, 19.2, 22.2, 22.3, 25.1, 25.9, 27.7, 27.8, 27.9, 27.10, 27.11, 29.1, 29.7, 30.1, 31.1, 31.7, 31.8, 32.10, 33.1, 33.2, 34.1, 38.2, 38.3, 38.4, 38.5, 38.6, 38.7, 38.8, 38.9, 38.10, 39.1, 40.1, 43.1, 47.1, 47.2, 48.16, 48.17, 51.2, 51.3, 51.4, 56.1, 57.1, 57.2, 57.3, 60.1, 60.3, 61.1, 61.2, 64.1, 64.2, 64.3, 64.4, 65.4, 65.5, 66.2, 68.2, 73.1, 75.1, 75.2, 76.1, 79.3, 81.1, 81.15, 84.1, 86.1, 88.2, 89.1, 89.2, 91.1, 92.1, 92.2, 93.1. |Fuhrmann, Gisela, Hannover: 5.1, 5.2. |Jungkeit, Gaby, Hofheim: 8.1, 8.2, 8.5, 8.6, 8.7, 9.1, 12.2, 12.3, 14.1, 15.6, 22.1, 23.1, 23.2, 23.3, 23.4, 23.5, 23.6, 24.1, 24.2, 24.3, 24.4, 26.1, 32.1, 32.2, 32.3, 32.4, 32.5, 32.6, 32.7, 32.8, 32.9. |Reimers, Silke, Mainz: 2.2, 2.3, 2.4, 5.4, 5.5, 5.6, 5.7, 5.8, 5.9, 5.10, 5.11, 5.12, 5.13, 5.14, 5.15, 5.16, 5.17, 5.18, 5.19, 5.20, 5.21, 6.3, 6.4, 6.5, 6.6, 6.7, 6.8, 6.9, 6.10, 6.11, 6.12, 6.13, 6.14, 7.2, 7.3, 7.4, 7.5, 7.6, 7.7, 7.9, 7.10, 7.11, 7.12, 7.13, 10.7, 10.8, 10.9, 10.10, 10.11, 10.12, 10.13, 10.14, 10.15, 10.16, 11.7, 11.8, 11.9, 11.10, 11.11, 11.12, 11.13, 11.14, 11.15, 11.16, 11.17, 11.18, 11.19, 11.20, 11.21, 11.22, 11.23, 11.24, 14.2, 14.3, 14.4, 14.5, 14.6, 14.7, 14.8, 14.9, 14.10, 14.11, 14.12, 15.2, 15.3, 15.4, 15.5, 15.7, 15.8, 15.9, 15.10, 15.11, 15.12, 20.1, 20.2, 20.3, 20.4, 20.5, 20.6, 20.7, 20.8, 20.9, 20.10, 20.11, 20.12, 20.13, 20.14, 20.15, 20.16, 20.17, 20.18, 20.19, 25.2, 25.3, 25.4, 25.5, 25.6, 25.7, 25.8, 27.2, 27.3, 27.4, 27.5, 27.6, 29.2, 29.3, 29.4, 29.5, 29.6, 29.8, 29.9, 29.10, 30.2, 30.3, 30.5, 30.6, 30.7, 31.2, 31.3, 31.4, 31.5, 31.6, 31.9, 32.11, 32.12, 32.13, 32.14, 32.15, 40.2, 40.3, 40.4, 40.5, 40.6, 40.7, 40.8, 40.9, 40.10, 40.11, 40.12, 40.13, 40.14, 40.15, 40.16, 40.17, 40.18, 40.19, 40.20, 40.21, 40.22, 40.23, 40.24, 40.25, 40.26, 40.27, 41.1, 41.2, 41.3, 41.4, 41.5, 41.6, 41.7, 41.8, 41.9, 41.10, 41.11, 41.12, 41.13, 41.14, 41.15, 41.16, 41.17, 41.18, 41.19, 41.20, 41.21, 44.1, 44.2, 44.3, 44.4, 44.5, 44.6, 44.7, 44.8, 48.1, 48.2, 48.3, 48.4, 48.5, 48.6, 48.7, 48.8, 48.9, 48.10, 48.11, 48.12, 48.13, 48.14, 48.15, 49.1, 49.2, 49.3, 49.4, 58.1, 58.2, 58.3, 58.4, 58.5, 58.6, 58.7, 58.8, 63.1, 63.2, 63.3, 63.4, 63.5, 63.6, 71.1, 71.2, 71.3, 71.4, 80.5, 80.6, 80.7, 80.8, 80.9, 82.1, 82.2, 82.3, 82.4, 83.2, 83.4, 83.5, 83.6, 83.7, 83.8, 83.9, 83.10, 83.11, 84.2, 84.3, 84.4, 84.5, 84.6, 84.7, 84.8, 84.9, 84.10, 84.11, 90.1, 90.2, 90.3, 90.4, 91.2, 91.3, 91.4, 91.5. |stock.adobe.com, Dublin: New Africa 17.1, 17.3. |Tauber, Andreas, Berlin: 17.2.

96